Anthony L. Sánchez Cruz

El jíbaro y el gaucho unidos en música y canción

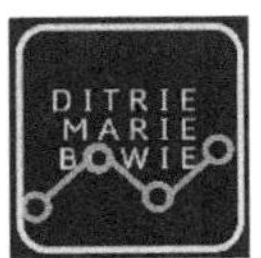

Fotografía y traducción por Maria Goretti Cruz

Ilustracíon por Freddy Sánchez

978-0-9958485-2-8

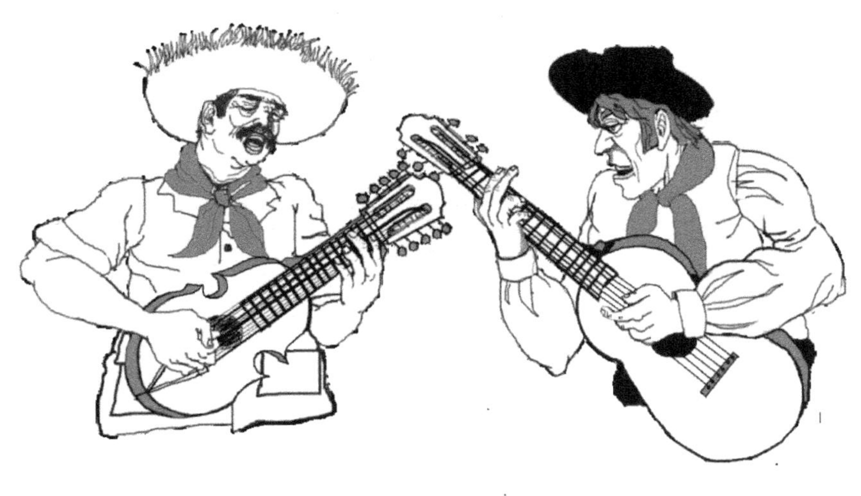

El jíbaro y el gaucho

unidos en música y canción

Índice

Índice (continuado)

Introducción:

"No nacimos con un libro debajo del brazo, escribimos nuestra historia oral…" Es una afirmación de la historia del jíbaro y el gaucho en relación a su legendaria filosofía folklórica musical. La transmisión oral es una de las herramientas más poderosa que se puede encontrar en todo tipo de civilización. Pero donde muchas veces "el cuento de compadres" cambia la historia dependiendo de cómo llegó la noticia. La música de los pueblos debe ser relatada, documentada y estudiada; así, descubrimos sus grandes riquezas.

La vida campesina del jíbaro y del gaucho van paralelas en estampas de la vida cotidiana. A través de la historia, estas personas han dado tiempo de gran creatividad para poetas, escritores, músicos, e historiadores entre otros. No importa si los conoces como cantores troveros, metristas, copleros, rimadores, trovadores, o payadores. Sabes que se refiere al representante folklórico de música tradicional de las regiones de España, Argentina, Puerto Rico, y otras partes de Suramérica y el Caribe. A través de las décadas, se han escrito innumerables libros en relación al gaucho y su música; al igual que el jíbaro puertorriqueño.

El propósito de este libro es establecer un enlace transcultural entre la música campestre de Argentina y Puerto Rico, los elementos folklóricos innatos culturales heredados de España y Cuba. Como patrimonio cultural, incluimos a principio de cada sección frases peculiares y refranes que van desapareciendo gradualmente del uso oral espontaneo y de las nuevas generaciones. Este estudio analítico trata de comparar y contrastar la composición y estructura poética y musical del seis puertorriqueño, la payada y el tango canción. En apoyo de todas las características similares entre ambos países, dedicaremos tiempo exponiendo diferentes teorías de *transculturación*: como los estudiosos definen, expanden y aplican los términos. Además, como los antropólogos, escritores y musicólogos definen los términos: *folklor, frases populares tradición*, y *cultura*.

También, hay que hacer constar que usaremos la literatura y prosa como exponente en términos literarios que han ayudado a través de la historia hacer del campesino de estas dos regiones elementos de universalidad. Son ellos los que a través de sus poemas y frases peculiares nos dan entender la picardía, el talento y patriotismo de estos campesinos. Creemos que es indispensable señalar las características graficas en las descripciones del jíbaro y el gaucho edita en una historia antigua, pero que refleja la vida cotidiana entre altas y bajas de gobierno, enfermedades y huracanes.

Es evidente que nuevas tecnologías y procesos investigativos de esta era reemplazan narración ficcional y teorías donde algunos tienen una opinión, pero donde otros tienen una concreta documentación. Tratamos de presentar al lector con ejemplos de diferentes épocas completos y justificados. Ilustraremos por medio del uso de grabaciones cilíndricas de cera, discos fonográficos y la radio como percibir el proceso de transculturación. Cuando la tecnología de los tiempos hizo que los radioyentes comenzaran a crear conciencia creativa, esto dio inspiración a nuevas versiones en la música folklórica de Puerto Rico. Esto sucede durante la época de los 1900 hasta los 1940, cuando la radio fue el medio de entretenimiento de hacendados y campesinos. Para comparar y contrastar, incluiremos un breve resumen cronológico de la situación histórica de Puerto Rico y Argentina dentro de las décadas de los siglos XIX y XX.

Este estudio incluirá las aplicaciones de la estructura y teoría de la música occidental en relación con la música folklórica de Puerto Rico y Argentina. Los análisis, a través de todo este proceso, serán claros, precisos, en forma básica con ejemplos musicales visuales y tablas de fórmulas, reglas y estructuras. Analizaremos la estructura básica de la décima, el seis y la *controversia* en Puerto Rico, y hablaremos de desafíos o contrapuntos de payadas en Argentina. Aunque esta sección aparente ser compleja para los amantes de la música, es necesario ilustrar las fórmulas y los componentes que constituyen el proceso de analizar la música.

La información que presentaremos acerca del tango cubrirá las tempranas décadas de los 1920 a los 40: elementos de como impacto la política, sociedad y cultura, como "Cambalache," el tango canción que sirve como predicción de los tiempos. Incluiremos estilos de seis puertorriqueños inspirados por el tango y otra música de Argentina. Haremos comparaciones entre la décima puertorriqueña y la payada argentina. Para demostrar gráficamente los análisis de comparación entre las dos culturas, incluimos tablas, citas de transcripciones, ilustraciones, y todo recurso disponible para exponer la relación musical de los dos países.

Folklor y las frases peculiares

Antes de establecer una relación entre los términos *folklor*, *tradición* y *cultura*, es común en el lenguaje de estas regiones latinoamericanas y caribeñas el uso de frases peculiares. En relación con el termino de *frases peculiares*, el antropólogo cubano Jorge Duany, dice que el lenguaje recoge luces como sombras de la cultura popular: elementos positivos de la vida diaria y expresiones comunes que explican situaciones picaresca y dosis de humor.[1] Ejemplo, para el jíbaro puertorriqueño, una frase peculiar es "Más claro no canta un gallo." Para el gaucho argentino, una frase podría ser "Más alegre que día de mate con torta frita."

La palabra *folklor* fue utilizada por primera vez por el arqueólogo William Thoms en 1846 en Inglaterra. En el lenguaje español, esta aceptado escribir la palabra de varias formas: *folklor, folclor* o *folklore*. El termino se define como condiciones mundanas de la vida cotidiana y contiene elementos mitológicos y religiosos.[2] Un ejemplo de esto es la palabra *jíbaro* y la palabra *gaucho*. No tiene que ver con la etimología de la palabra, si no en el sentido de la vida cotidiana.

Es importante no poder confundir el folklor con la *tradición*, que es un término con diferentes implicaciones. La palabra *tradición*,

---

[1] Noticias: Locales: Frases peculiares de la cultura boricua ," *El nuevo día*, martes, el 26 de noviembre de 2013, https://www.elnuevodia.com/noticias/locales/nota/frasespeculiaresdelac ulturaboricua-1652910/ (acceso el 10 de marzo de 2018).

[2] Jonathan Roper, "'Nuestro folklor nacional': William Thoms como un nacionalista cultural," En *Narrando la (trans)nación: Los dialectos de la cultura y identidad*, editada por Krishna Sen y Sudeshna Chakravari (Calcutta, ID: Das Gupta & Co., 2008), 60-74. https://www.academia.edu/835266/ Our National Folklore William T homs as Cultural Nationalist (acceso el 10 de marzo de 2018); Luis Manuel Álvarez, "La décima en Puerto Rico como símbolo de identidad nacional," Valledupar, CO: *Foro Internacional sobre la Decima*. 2001. Conferencia. http://musica.uprrp.edu/lalvarez/seiseshtm/decima.htm (acceso el 2 de septiembre, 2017).

según el musico y antropólogo argentino Raúl Chuliver, dice como se transmiten creencias, supersticiones y noticas de generación a generación.[3] En el caso del jíbaro de Puerto Rico, nos referimos a la tradición oral en el canto de décimas. En el caso del gaucho, está la tradición oral en el canto de la payada.

La prosa y la literatura son otros elementos de universalidad. El nacionalismo argentino fue representado en la preservación de la lengua castellana de España y también en la literatura gauchesca, como en los poemas de José Hernández (1834-1886) y Eduardo Gutiérrez (1851-1889). Mientras Puerto Rico era parte del ultimo territorio de España. La isla contaba con escritores como Manuel Alonso (1822-1889) y poetas como Luis Llorens Torres (1876-1944) entre otros. Para demostrar la influencia de la poesía gauchesca en la isla de Puerto Rico, tenemos el poema ¨La Trova gaucha¨ de Llorens Torres:

> Al ibero León que un día
> era dueño de la Pampa
> supe tenderle la trampa
> que lo hizo presa mía.
> Fue San Martin mi alto guía
> en aquel gestí fecundo,
> y ni Rosas, ni Facundo,
> ni el diablo que los crio,
> apagan el sol que yo
> encendí en el nuevo mundo.[4]

---

[3] Raúl Chuliver, "El gaucho en la historia y en la tradición argentina," (Buenos Aires: Premio Santa Clara de Asís, 2015) *Biblioteca virtual Miguel de Cervantes*, http://www.cervantesvirtual.com/obra-visor/el-gaucho-en-la-historia-y-en-la-tradicion-argentina-784360/html/ (acceso el 10 de marzo de 2018).

[4] Luis Llorens Torres, "Trova gaucha." *Proyecto salón de hogar*, el 19 de abril de 2010, http://www.proyectosalonhogar.com/escritores/Poesia_puertorriquena.htm#llorens (acceso el 10 de marzo de 2018).

Como el jíbaro era visto por el extranjero

Extracto de *El gibaro: Cuadro de costumbres de la isla de Puerto-Rico*[5]

Color moreno, frente despejada.

Mediana talla, marcha compasada, el alma de ilusiones amelante agudo ingenio, libre y arrogante pensar inquieto, mente acalorada.

Humano, afable, justo, dadivoso en empresa de amor siempre variable,

tras la gloria y placer siempre afanoso.

¡Y en amor a su patria inseparable!

Este es, año dudarlo fiel diseño para copia un buen puertorriqueño.

---

[5] Manuel Alonso, "Escena V. Bailes de Puerto-Rico," in *El gibaro: Cuadro de costumbres de la isla de Puerto-Rico* (Barcelona: D. Juan Oliveres, 1849) 55-68 (acceso el 14 abril de 2015). Dominio público.

Extracto de *El campesino puertorriqueño: sus condiciones físicas, intelectuales y morales, causas que las determinan y medios para mejorarlas.*[6]

Lo que demostramos históricamente en esta sección de Valle Atiles no refleja mi opinión personal como autor. Es una visualización de cómo algunos percibían al campesino en el pasado.

Caractéres exteriores.

Talla—La talla, como dice Littré, es uno de los elementos demográficos mejor conocidos, a causa de su fácil determinación y de las exigencias de las quintas. En Puerto Rico, en donde no existe el reclutamiento, hay que acudir al recuerdo histórico de las milicias disciplinadas para apreciar este dato, y eso tan sólo por lo que respecta al campesino blanco, único obligado al servicio militar cuando existía éste.

Desde luego diremos que la talla media de nuestro *jíbaro* no parece que deba ser muy inferior a la media universal, provisionalmente aceptada de 1.^{m}635, que ha sido por cierto considerada excesiva por Quatrefages; pues todos los informes que hemos podido recoger están contestes en que no era una de las causas más frecuentes de quedar libre del servicio de las armas la falta de estatura; y siendo así que la talla que se exijía al miliciano era de 1.^{m}596, la misma que para el ejército metropolitano, claro es que si no hubo necesidad de disminuirla era porque con facilidad se cubría el contingente exigido por las quintas.

Aparte de esta consideración, lo que por punto general podemos apreciar a simple vista, es qué entre los jíbaros, ya pertenezcan a una o a otra raza, no predominan las tallas rechonchas, sino más bien las estaturas medianas; abundan personas altas y no faltan hombres pequeños, pero no es lo común.

Aquí, como en todas partes, la mujer es más pequeña que el hombre. Este hecho, resultado de las mediciones practicadas hasta hoy, se confirma en el grupo rural borincano. Á nosotros nos ha

---

[6] Francisco del Valle Atiles, *El campesino puertorriqueño: sus condiciones físicas, intelectuales y morales, causas que las determinan y medios para mejorarlas.* (San Juan: Tipo de Gonzales Font, 1889), 20-25, https://freeditorial.com/es/books/el-campesino-puertorriqueno-sus-condiciones-fisicas-intelectuales-y-morales/related-books (acceso el 4 de febrero de 2018), Dominio público. La versión original de este texto contiene vocales y palabras escritas en el estilo arcaico de la época.

parecido, por lo que respecta al sexo femenino, que el número de campesinas de corta estatura es más considerable que el de campesinos; principalmente entre las blancas y las que por su color recuerdan al indio, se encuentran muchas mujeres pequeñas.

Proporción del cuerpo y de los miembros—La proporcionalidad y la simetría en la estructura general del cuerpo es un carácter de los hombres pertenecientes a la especie mediterránea. El jíbaro puertorriqueño no es por lo común defectuoso; no obstante, hemos creido advertir que tanto las extremidades superiores como las inferiores tienden a adquirir mayor largura que la debida.

En los negros adviértese la mayor longitud de los brazos, propia de la raza.

Por lo que se refiere a las mujeres del campo, no hemos comprobado que exista falta de proporción entre el cuerpo y las extremidades; por el contrario, la jíbara es bien formada, y hasta podría llamársela esbelta, a no ser por su desgarbo en el andar.

Las mestizas ostentan proporciones muy armónicas; casi todas son bien formadas.

La generalidad de las negras no se distingue por este concepto.

Coloración—Si entre individuos pertenecientes a una misma especie el color no es constante y varía, como sucede con la raza llamada caucásica, desde el blanco rosa más puro, hasta el moreno más oscuro, con mucha más razón encontraremos estos distintos tonos de coloración entre campesinos de tan distintas razas como los puertorriqueños, principalmente entre los mestizos. Y así es en efecto; existe la variedad más abigarrada en lo que se refiere al color. Entre los blancos predomina el color oscuro, propio del habitante de las zonas cálidas.

Como casi todos los jíbaros están anémicos, por excepción se ven algunos de temperamento sanguíneo; y claro es que el color rosa o rojo vivo es raro; el color blanco en ellos es mate, amarillo o amarillo verdoso, principalmente en los cloróticos y anémicos.

Á los negros y mestizos que están enfermos se les advierte un color cenizoso.

En las mujeres se observa con frecuencia el cutis manchado o con pecas.

14

Así mismo es variadísimo el color de los ojos. Hay campesinos de ojos azules y pardos; pero ordinariamente tienen los ojos negros.

Piel y principales anexos—La acción del calor determina en la piel una sobre actividad funcional notable, especialmente en la perspiración; de aquí que los habitantes de climas cálidos tengan por lo común la piel blanda y húmeda.

En ciertas razas, y especialmente en la negra, la piel suave y como satinada es más espesa. La frescura y suavidad de cutis de las negras es muy estimada en los harenes.

Ocurre la pregunta de si el campesino de origen europeo, al ser sometido á la acción de este clima, ha sufrido la transformación orgánica de que acabamos de hablar, y desde luego la buena lógica hace esperar una contestación afirmativa, siquiera aceptemos que ese cambio no haya adquirido un grado de desarrollo tan grande como en el negro.

Si respecto del desarrollo de las glándulas sebáceas no decimos lo mismo, es porque no se advierte, entre los jíbaros blancos, el olor desagradable que se percibe en los negros y en muchos mulatos, olor que se ha explicado por el predominio de esa clase de glándulas, debido al excesivo aflujo de sangre á la superficie cutánea.

Vellosidades—Los campesinos son bien barbados, especialmente los blancos; entre los mestizos y negros se encuentra mayor número de lampiños.
El pelo de la cabeza en ellos es abundante, variando, como es de suponer, desde el que no se riza nunca, hasta el que se ostenta fuertemente encrespado, propio del hombre africano.

El color del pelo también varía; pero domina el negro; hemos encontrado ejemplares de pelo rojo y no pocos de pelo rubio.

Cráneo y cara—El cráneo del jíbaro no ofrece deformidad alguna. La cara presenta rasgos agradables; los ojos son grandes, vivos y están horizontalmente situados; por rareza se encuentran ojos oblicuos como los de los chinos; la nariz es bien formada y la boca pequeña.

Entre las mujeres estos rasgos adquieren mayor delicadeza; sobre todo la hermosura de los ojos negros es común entre ellas.

Estos rasgos fisonómicos cambian en el campesino descendiente de africanos, en el cual la nariz es ancha y los labios son gruesos deformando la boca, grande por lo general.

Entre los mestizos se encuentran personas no exentas de hermosura, máxime cuando en ellas predomina el elemento caucásico; sobre todo entre las mujeres las hay bellas, pero por lo general la nariz y la boca del elemento africano se trasmiten al mestizo con sus formas características afeando las facciones.

Tronco y miembros—La belleza del cuerpo depende, como es sabido, de la diferencia del diámetro entre el pecho, la cintura y la pelvis, diferencia que no falta en el campesino puertorriqueño, alejándole por este detalle de muchos individuos de las razas amarilla y americana que no tienen cintura.

La circunferencia del tórax nos demuestra que el campesino tiene el pecho desarrollado; en todos notamos amplitud torácica suficiente cuando no están enfermos.

En la mujer el pecho está menos desarrollado; por punto general no ha adquirido la amplitud debida.

La esteatopigia que dá carácter a la Venus Hotentote no se observa en las campesinas blancas; no puede decirse que en este particular ocurra en Puerto Rico lo que según Livingstone comienza a manifestarse entre ciertas mujeres Boërs, a pesar de pertenecer á la raza blanca pura. El *delantar* (*delantal*) que con la *esteatopigia* son dos particularidades propias de las Hotentotes y Boschinianas, tampoco se encuentra entre ellas.

Entre las mestizas existen casos, aunque raros, de abultamiento excesivo de las caderas; protuberancia muy notable en casi todas las negras y especialmente en las africanas puras.

Por lo que respecta al hombre blanco puede asegurarse que el abultamiento de las nalgas es mucho menor en el criollo que en el europeo.
Ha sido señalado como carácter propio de la raza negra el tener la pantorrilla alta y poco desarrollada, pero esto no debe ser un signo de exacta fijeza y exclusivo, porque entre personas de raza blanca, principalmente en Puerto Rico, es frecuente encontrar este carácter.

Las manos de los campesinos son anchas y callosas; los pies se desarrollan más en el sentido de su anchura; la planta endurecida es casi plana, o por lo menos está muy disminuida la bóveda que de ordinario presenta: en muchos, el dedo grande está bastante separado de los otros y como opuesto, a causa de que se sirven de él para varias faenas

Caracterizaciones del jíbaro puertorriqueño en los siglos XIX y XX

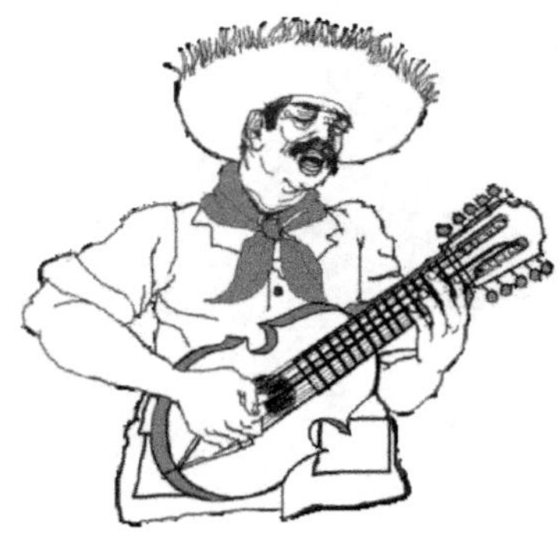

Reconociendo que en el campo de la etnomusicología se usa el concepto de música desde el punto de vista de la sociedad donde la música es estudiada, también el concepto que el musicólogo tiene su propia cultura sugiere que todas sus peyorativas, etnocentrismos y connotaciones tengan ciertos usos.[7] Estamos de acuerdo con Bruno Nettl (n. 1930) acerca de que es inevitable presentar tendencias etnocéntricas en estudios de culturas extranjeras. Aunque el escribe desde el punto de vista de etnomusicólogo, su preocupación en la discusión es la ambigüedad etnocéntrica, la información puede ser aplicada a los nuevos descubrimientos en este estudio. Intentamos representar imparcialmente las culturas de Puerto Rico y Argentina. Pero, no podemos olvidar discutir los efectos de los españoles europeos y otras influencias extranjeras en estas regiones latinoamericanas y caribeñas. Primero, tenemos que dirigir nuestra atención en como estas culturas dominantes deliberadamente trataron de marginar y oprimir la historia y los valores culturales de estas partes del mundo. En ocasiones, este acercamiento envuelve la aplicación de Nacionalismo a través de la literatura y la música los siglos XIX y XX.

---

[7] Bruno Nettl, "Capítulo 2: Combinando los sonidos: Sobre el concepto de la música," en *El estudio de la etnomusicología: Treinta y tres discusiones* (Urbana, IL: Imprenta de La Universidad de Illinois, 2015), 29. Traducida en español.

Basado en estudios hechos en los tiempos de la ocupación estadounidense en la isla, como investigaciones científicas y trabajos etnográficos, se tomó nota de la presencia del jíbaro. El etnomusicólogo John Alden Mason es bien recordado y citado por nuevos investigadores de esta década por su aportación en recopilar y catalogar la música folclórica puertorriqueña en 1918.[8] Mientras otras investigaciones por estudiosos de los Estados Unidos en el siglo XX, como William H. Haas, claramente demuestra momentos de perjuicios en su estudio hacia la gente jibara de la isla. Se concentra en lo que *el* percibe la cultura jibara como gente atrasada socialmente. Haas dice que:

> Él no se molesta por la ciudadanía; el solo quiere comida. La vida para él va de la misma forma monótona sin ninguna visión, solo las generaciones de generaciones de sus antepasados. El (jíbaro) es una semejanza de los montañeses del sur de Kentucky. Él, como miembros de otros grupos aislados, se ha perdido en las montañas, con poco movimiento económico y ningún movimiento político. En realidad, la historia se ha olvidado de él y lo ha dejado en el olvido, como las comodidades y conveniencias que hacen la vida normal para un americano (de los Estados Unidos) tan completo y satisfecho. Todo esto lo ha dejado en soledad de pensamiento y acción y miseria.[9]

En muchos casos, la descripción de Haas sobre el jíbaro puertorriqueño (desde el punto de vista de los Estados Unidos en los 1930) es bien similar a la percepción de los europeos españoles del siglo XIX. Muchos historiadores y musicólogos frecuentemente se refieren al libro *El gibaro: cuadro de costumbres de la isla de Puerto-Rico* de 1849, escrito por el autor español y criollo Manuel Alonso (1822-1889). Una razón del uso excesivo de este libro es que el intenta describir el cuatro puertorriqueño y otros instrumentos usados en la música folclórica de

---

[8] J. Alden Mason y Aurelio M. Espinosa. "El folklor puertorriqueño. Décimas, canciones navideñas, canciones infantiles, y otras canciones," Diario del folklore americano 31, No. 121 (1918), http://www.jstor.org/stable/534783, (acceso el 19 de enero, 2018).

[9] William H. Haas, "El jíbaro: Un ciudadano americano," *Scientific Monthly* 43, No. 1 (1936). http://www.jstor.org/stable/16218 (acceso el 6 de junio de 2016).

la isla.[10] Sin embargo, porque un libro tiene información de un periodo más antiguo no necesariamente significa que el autor tiene todos los datos correctos. Leyendo el libro desde un punto de vista más crítico y contemporáneo, se puede ver la tendencia a relatar y romantizar la versión de la vida del puertorriqueño. No todos los hechos son concretos; provee a sus lectores con opiniones personales y negativas acerca de la cultura del jíbaro en comparación con el estilo de vida de los españoles europeos. Además de estos problemas, *El gíbaro* carga un peso critico por su estructura problemática y el constante uso incorrecto como recurso autoritario acerca de la sociedad y música de Puerto Rico.[11]

Investigadores contemporáneos, como los escritores del libro *Cuerdas de mi tierra* del año 2013, también reconocen que el libro trae algunos problemas. *El gíbaro* es visto hoy como un estudio arcaico, pero sigue siendo material histórico de referencia especial en la música y como él describe la música y el baile.[12] Otros historiadores, como Francisco A. Scarano y Carmen L. Torres-Robles ambos en sus propias investigaciones acerca de la historia de Puerto Rico en los siglos XVIII y XIX, concluyen que Manuel Alonso expresa más su interés y opinión personal que los hechos concretos de la situación. Scarano y Torres-Robles mencionan que Alonso presenta la cultura jíbara puertorriqueña como una caricatura negativa y degradante a través de su libro desde su punto de vista de la aristocracia española europea. Tomando esto en consideración, es ver al jíbaro como un estereotipo etnocéntrico en vez de comprender su estilo de vida sociocultural: tanto descriptiva como su dialecto al escribir. Con el mofarse de la cultura folclórica puertorriqueña, el personaje del jibaro no es representado en su total realidad.[13] Los lectores contemporáneos de *El*

---

[10] Manuel Alonso, "Escena V. Bailes de Puerto-Rico," in *El gíbaro: Cuadro de costumbres de la isla de Puerto-Rico* (Barcelona: D. Juan Oliveres, 1849) 55-68, (acceso el 14 abril de 2015), Dominio público.

[11] Manuel Alonso, 55-68.

[12] Juan Sotomayor Pérez, William Cumpiano and Myriam Fuentes, "1. Inicio de la Jornada," en *Cuerdas de mi tierra: Una historia de de los instrumentos de cuerda nativos de Puerto Rico: cuatro, tiple, vihuela y bordonúa* (Naguabo, PR: Extreme Graphics, 2013), 17-36.

[13] Francisco A. Scarano, "La mascarada del jíbaro y las políticas subalternas de la formación de la identidad criolla en Puerto Rico, 1745-1823," *Revista histórica americana* 101, No. 5 (1996), 1398-1431.

gíbaro tienen que tener en consideración que este libro no debe usarse como primer recurso de información sobre la historia y cultura de Puerto Rico.

Problemas similares se encuentran en el estudio de 1889 del doctor en medicina y antropólogo Francisco Hilarión Del Valle Atiles (1852-1928) en su libro *El campesino puertorriqueño: sus condiciones físicas, intelectuales y morales, causas que las determinan y medios para mejorarlas*. Como anteriormente mencionamos, él describe la comunidad jíbara, sus rasgos físicos, y a través de su lectura, se encuentran pasajes acerca de los instrumentos musicales. Sus descripciones tienen tono racial, y su libro está escrito desde el punto de vista de un hombre de ciencia. Como Manuel Alonso, Valle Atiles también se enfoca en como la cultura rural jíbara de los 1880s está "retrasada" en comparación con el español europeo:

> Digamos algo, aunque brevemente, acerca de los instrumentos musicales campestres: la *maraca*, especie de sonaja de orígen indio, que por su nombre y por el ruido que produce, podría compararse con la matraca, tosco y primitivo representante del instrumental de casi todos los pueblos no civilizados; el güiro, desapacible instrumento para oídos no acostumbrados al guachapeo seco que ocasiona el raspear sobre su lineada superficie; y algunas derivaciones de la guitarra y de la bandurria, es cuanto en el particular se ofrece á nuestra consideración. Son estas derivaciones: el *tiple*, guitarrillo de cinco cuerdas, que ofrece la inexplicable particularidad de tener la prima y la quinta iguales, lo que dá lugar á una combinación anómala de sonidos; el *cuatro*, que tiene cinco cuerdas dobles, colocadas de dos en dos, se templa como la bandurria y se toca como esta; la *bordonúa* lleva seis cuerdas, y la *vihuela* hasta diez, pues en esto entra por mucho el capricho del constructor...[14]

---

http://jstor.org/stable/2170177 (acceso el 6 de junio de 2016); Carmen L. Torres-Robles, "La mitificación y desmitificación del jíbaro como símbolo de la identidad nacional puertorriqueña." *Bilingual Review/Revista Bilingüe* 24, No. 3, (1999), 241-153. http://www.jstor.org/stable/25745665 (acceso el 6 de junio de 2016).

[14] Francisco del Valle Atiles, *El campesino puertorriqueño: sus condiciones físicas, intelectuales y morales, causas que las determinan y medios para mejorarlas*. (San Juan: Tipo de Gonzales Font, 1889),

Basada en esta descripción, se nota la animosidad el racismo que los españoles expresaban hacia la gente de las áreas rurales de Puerto Rico. Valle Atiles muestra negatividad hacia la calidad de construcción de los instrumentos musicales. En relación a la construcción de los cordófonos (instrumentos de cuerdas), Valle Atiles presta atención e interpreta que los instrumentos son de pobre calidad comparados con los instrumentos de cuerda de los españoles. En un sentido más contemporáneo, las alteraciones de los instrumentos que Valle Atiles habla envuelve transculturación. Combinando las prácticas y los instrumentos latinoamericanos y europeos, como Valle Atiles describe, los artesanos y los lutieres de las áreas rurales de la isla se esforzaba en crear nuevo material para añadir a su cultura.

> Ninguno de estos instrumentos obedece en su construcción á una idea artística racional; el poco valor material de ellos hace que sólo los construyan los mismos jíbaros, quienes la mayor parte de las veces se valen de útiles poco apropiados. Sería interesante señalar el proceso de desviación que en esta provincia han seguido los citados instrumentos nacionales de cuerda; en ellos subsiste la idea que preside á la construcción de guitarras y bandurrias; pero la carencia de utensilios para fabricarlos iguales á los modelos que de la Metrópoli trajeron los españoles, ha debido influir en la imperfección de aquellos.[15]

Como podemos deducir, cada cual crea su propia opinión. Aunque las descripciones presentadas aquí son de carácter negativo, es un ejemplo de cómo una cultura dominante tras un proceso cultural gradual cambia. Es su decisión si acepta o no el cambio.

---

https://freeditorial.com/es/books/el-campesino-puertorriqueno-sus-condiciones-fisicas-intelectuales-y-morales/related-books (aceso el 4 de febrero de 2018), Dominio público.

[15] Francisco del Valle Atiles, 1889.

"No me fío del padrillo que ve la yegua y no relincha."

Visualización del gaucho a través de la literatura y música

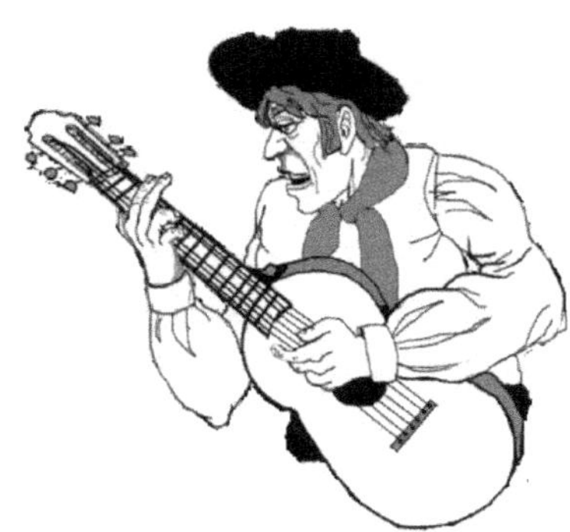

"Símbolo pampeano y hombre verdadero, generoso guerrero, amor, coraje, ¡salvaje! gaucho, por decir mejor. Ropaje suelto de viento, protagonista de un cuento vencedor."—Ricardo Güiraldes

Según el estudio de Raúl Chuliver sobre la cultura del gaucho argentino en la historia, el gaucho vivía su vida de campaña primitiva. En paz hasta que la guerra señala otro destino. Entonces, ensilla su caballo, deja su familia y corre tras del caudillo.[16] Cuando el jibaro puertorriqueño es visto por extranjeros como no educado pero dedicado a su trabajo y música, los autores argentinos y en otros casos compositores del siglo XIX y XX ven al gaucho en una perspectiva positiva. La visión de rustico vaquero sudamericano es romantizada, y demuestra ser una figura que tiene forma nacional en países como Argentina, Uruguay, Paraguay, y Chile. El personaje gauchesco es constantemente representado en trabajos literarios como el de José Hernández y su poema épico *Martin Fierro* (1872) y Eduardo Gutiérrez con su novela *Juan Moreira* (1879-1880).[17] Otros autores, como

---

16 Raúl Chuliver, "El gaucho en la historia y en la tradición argentina," (Buenos Aires: Premio Santa Clara de Asis, 2015) *Biblioteca virtual Miguel de Cervantes*, http://www.cervantesvirtual.com/obra-visor/el-gaucho-en-la-historia-y-en-la-tradicion-argentina-784360/html/ (acceso el 10 de marzo de 2018).

17 José Hernández, *El gaucho Martin Fierro* (Buenos Aires, Imprenta de La Pampa, 1872), https://freeditorial.com/es/books/el-gaucho-martin-fierro (acceso el 12 de febrero de 2018), Dominio público; Historiador Argentino,

Leopoldo Lugones en su libro *El payador* de 1916, a menudo unen el legado gaucho: particularmente, el gaucho como "payador" con el nacionalismo de Argentina y las herencias españoles, italianas y griegas:

> Titulo este libro con el nombre de los antiguos cantores errantes que recorrían nuestras campañas trovando romances y endechas, porque fueron ellos los personajes más significativos en la formación de nuestra raza. Tal cual ha pasado en todas las otras del tronco greco-latino, aquel fenómeno iniciose también aquí con una obra de belleza. Y de este modo fue su agente primordial la poesía, qué al inventar un nuevo lenguaje para la expresión de la nueva entidad espiritual constituida por el alma de la raza en formación, echó el fundamento diferencial de la patria. Pues siendo la patria un ser animado, el alma o *ánima* es en ella lo principal. Por otra parte, la diferencia característica llamada personalidad, consiste para los seres animados, en la peculiaridad de su animación que es la síntesis activa de su vida completa: fenómeno que entre los seres humanos (y la patria es una entidad humana) tiene a la palabra por su más perfecta expresión. Por esto elegí simbólicamente para mi título, una voz que nos pertenece completa, y al mismo tiempo define la noble función de aquellos rústicos cantores.[18]

Hay cierto sentido de admiración en el legado del gaucho en relación con la música gaucha de Argentina y la música inspirada por la cultura gauchesca en la preservación de las payadas con los desafíos, contrapuntos y competencias. Historiadores frecuentemente hacen mención del primer anuncio publicado y documentado "desafío" de 1894, donde el afro-argentino Gabino Ezeiza compite y gana en contra

---

Argentina: cultura gaucha,
https://www.youtube.com/watch?v=eESgmILx4Y4&list=LL8mqJY4bO eb4IP285vKj4OA&index=3&t=0s (acceso el 8 de febrero de 2018). Dominio público.

[18] Leopoldo Lugones, *El payador: Hijo de la Pampa (Tomo Primero)* (Buenos Aires: Otero & Co., 1916), http://letras.edu.ar/elpayador.pdf (acceso el 12 de febrero de 2018).

de Pablo Vázquez.[19] Es digno mencionar a principios de los 1900s, Ezeiza grabo canciones en cilindros de cera. Poco después de su muerte en 1916, su legado quedo marcado en la historia cuando el dúo de Antonio Bassi (compositor) y Manuel Romero (letrista) escribió un tributo a Ezeiza con su tango canción, *El adiós de Gabino Ezeiza.*[20]

La cultura de la música gauchesca también aparece en la música clásica del siglo XX. El compositor Alberto Ginastera (1916-1983), bien recordado por su contribución al nacionalismo y modernismo argentino, escribió el ballet gauchesco *Estancia,* Opus 8 en 1941. Más tarde, el hizo un arreglo para orquesta. En las ambas partituras, Ginastera trata de capturar el sentido de la vida diaria del gaucho, el trabajo duro en las haciendas y competencias entre sí en el baile malambo.[21]

Algunos lectores cuestionan por que se presta tanta atención al gaucho en Argentina. Parte de esto es el romanticismo y el estilo en cómo se percibe a la cultura gauchesca. Décadas después de que el gobierno argentino creo una constitución en 1853, los políticos promulgaban el nacionalismo para el país. Según las revisiones de la constitución, el municipio de Buenos Aires no fue incluido como parte de la división del país hasta el año 1859.[22] Se usó el modelo del nacionalismo como modelo para enseñar y controlar la población de Argentina, promoviendo el lenguaje castellano español. Además, se enfatizó la cultura criolla a través de la literatura acerca de los gauchos. En ciertos casos, algunos autores argentinos aplicaban la literatura

---

[19] Matías N. Isolabella, "Estructuras de improvisación en la payada rioplatense: definición y análisis." Revista Argentina de Musicología 12-13 (2012). 151-182.

[20] Gabino Ezeiza, "Gabino Ezeiza & Guitarra- El Tango Patagones- 1905." https://www.youtube.com/watch?v=dOchX98rVnY&index=1&list=LL8mqJY4bOeb4IP285vKj4OA&t=0s (acceso el 8 de febrero de 2018); Antonio De Bassi y Manuel Romero, "Ignacio Corsini- El adiós de Gabino Ezeiza- Milonga," https://www.youtube.com/watch?v=scIMM3TW8E0 (acceso el 8 de febrero de 2018).

[21] Luis Gaeta (Narrador) y La Orquesta Sinfónica de Londres (Gisele Ben-Dor), *Ginastera: Estancia- Panambí* (Naxos, 2006), 21-29, Spotify.

[22] *Constitución de la Nación Argentina Completa con los Tratados de Jerarqui Constitucional* (Buenos Aires: Biblioteca Virtual Universal, 2017), http://www.biblioteca.org.ar/libros/201250.pdf (acceso el 12 de febrero de 2018).

gauchesca en protesta de la reconstrucción de Argentina a través de la inmigración de europeos en las décadas de 1870 y 1880, o lamentación de la declinación del gaucho a fines del siglo XIX. Este fue el caso del libro *La vuelta de Martín Fierro* (1879) por José Hernández.[23]

Raúl Chuliver indica que el gaucho fue un término arcaico que se usó desde los 1700s. Es importante separar por un momento la percepción del gaucho argentino en aspectos de la poesía, música y literatura como entretenimiento con el verdadero gaucho de la historia actual. El gaucho tomo un papel importante en la milicia en la década de los 1810. Durante estos tiempos, Argentina luchaba por su independencia contra la monarquía española. Es cuando el gaucho se ve como representante de la patria. Chuliver dice que:

> Cuando el general José San Martín envió desde el Ejército del Norte en 1814 un informe donde comunicaba que «los gauchos de Salta solos, están haciendo al enemigo una guerra de recursos tan terrible que lo han obligado a desprender una división con el solo objeto de extraer mulas y ganado», el director supremo de las Provincias Unidas, Gervasio Posadas, ordenó que en la publicación de ese parte en el periódico porteño La Gaceta se omitiese la palabra gaucho, reemplazándola por el de patriotas campesinos. Así, se incorporaba para mucho tiempo aquel nuevo elemento en la patria naciente, la caballería gaucha que durante años tendría papel preponderante en todas las guerras. Por eso, un escritor dijo que la patria se había hecho a caballo. Caballo y jinete fueron dos piezas inseparables: durante la paz en el trabajo y durante la guerra. No se concibe el gaucho sin el caballo.[24]

Chuliver no hace mención de sus citas en su artículo. La mayoría de la información que se incluye en esta sección vino del periódico *La Gaceta*

---

[23] Historiador Argentino, *Argentina: cultura gaucha*, https://www.youtube.com/watch?v=eESgmILx4Y4&list=LL8mqJY4bO eb4IP285vKj4OA&index=3&t=0s (acceso el 8 de febrero de 2018).

[24] Raul Chuliver, "El gaucho en la historia y en la tradición argentina," (Buenos Aires: Premio Santa Clara de Asís, 2015) *Biblioteca virtual Miguel de Cervantes*, http://www.cervantesvirtual.com/obra-visor/el-gaucho-en-la-historia-y-en-la-tradicion-argentina-784360/html/ (acceso el 10 de marzo de 2018).

(1810-1821). Cuyo objetivo fue publicar actos de gobierno de la primera junta. Su tema era "Tiempos de rara felicidad son aquellos en los cuales se puede sentir lo que se desea y es lícito decirlo." (historiador romano Corelio Tácito).

Extracto de *El Gaucho Martin Fierro* por José Hernández[25]

Aquí me pongo a cantar
Al compás de la vigüela,
Que el hombre que lo desvela
Una pena estraordinaria
Como la ave solitaria
Con el cantar se consuela.

Pido a los Santos del Cielo
Que ayuden mi pensamiento;
Les pido en este momento
Que voy a cantar mi historia
Me refresquen la memoria
Y aclaren mi entendimiento.

Vengan Santos milagrosos,
Vengan todos en mi ayuda,
Que la lengua se me añuda
Y se me turba la vista;
Pido a Dios que me asista
En una ocasión tan ruda.

Yo he visto muchos cantores,
Con famas bien obtenidas,
Y que después de adquiridas
No las quieren sustentar
Parece que sin largar
se cansaron en partidas.

---

[25] José Hernández, "I - Cantor y Gaucho," en *El gaucho Martin Fierro* (Buenos Aires, Imprenta de La Pampa, 1872), https://freeditorial.com/es/books/el-gaucho-martin-fierro (acceso el 12 de febrero de 2018), Dominio público.

Otras culturas en la música folklórica de Puerto Rico y Argentina

Para entender los orígenes de la música folklórica de Puerto Rico y Argentina en relación con el *seis*, la música campera y el tango, es importante reconocer que otras culturas extranjeras ayudaron a formar y propagar estos estilos de música: particularmente, las regiones de África, España y Cuba. Muchos musicólogos y estudiosos se han enfrentado con situaciones de confusión sobre como catalogar los géneros musicales. Un caso específico seria la definición de las palabras *Milonga* y *Tango* en el siglo XIX.

En los estudios realizados desde la década de los 1970s hasta el presente, queda establecido el defender la cultura africana.[26] Hemos heredados géneros musicales como la Bomba y Plena para Puerto Rico, mientras Argentina heredo el estilo de *Candombe* y el origen de los términos de *Tango, Payada* y *Milonga*. La milonga viene de la palabra africana *Quimbunda*, y se refiere a la forma plural de *mulonga* ("palabra."). Los afro-argentinos usaron el termino de *milonga* para describir las payadas y contrapuntos de los gauchos pampeanos y sureños, porque los gauchos decían y cantaban palabras.[27] En este caso, es importante entender que la milonga del siglo XIX refería a la "milonga campera," un subgénero de la música gauchesca y no al baile del mismo nombre.

En relación al tango, las culturas emigrantes de Europa no fueron las únicas que contribuyeron a esta música. También, tenemos que reconocer aquí una conexión afro-argentino. Los recursos contemporáneos dicen que la etimología de la palabra "tango" tenían connotaciones diferentes en las décadas coloniales. En su investigación sobre el tango, Héctor Benedetti indica que esta palabra desde los 1830 no se refiere a ningún baile, ni a la música que acompañaban. En actualidad, el tango fue un sitio comunal solamente para los afro-argentinos. En su libro *Nueva historia del tango: De los orígenes al siglo XXI*,

---

[26] Alejandro Frigerio, "El Candombe Argentino: Crónica de una muerte anunciada," *Revista de Investigaciones Folklóricas* No. 8 (1993), 50-60.

[27] Very Tango Store, "La historia de la milonga," https://www.verytangostore.com/tango-milonga.html (acceso el 12 de febrero de 2018).

Benedetti dice que los negros se reunían en los "tangos" para desarrollar sus ritos y prácticas, uso solo para sus comunidades.[28]

En muchos aspectos, la discriminación de las culturas emigrantes europeas en las décadas de los 1880 hasta las décadas tempranas del siglo XX en Argentina es paralela a muchas situaciones de otros países. Quizás una situación más problemática es como se ve el nacionalismo en Argentina, donde parcial se ignora la influencia africana, su cultura y música del país.[29] Hasta el final de los 1960, muchos recursos e información sugerían que la población afro-argentino "se murió" o "desapareció" a fines del siglo XIX. La lógica de los historiadores del pasado fue que la población de Argentina quedó gradualmente reemplazada por la población europea blanca. Los estudios etnográficos de los 1970 al presente desmienten esta información acerca de los afro-argentinos. Con nueva información y documentación de los 2010, los historiadores argentinos gradualmente vienen a la realización de la existencia de estos grupos olvidados en el pasado.[30]

¿Y, que de las conexiones de los españoles y los cubanos en relación a la música de Puerto Rico y Argentina? Para contestar a esta pregunta, tenemos que comprender que estas culturas europeas y caribeñas formaron la base de estructuras musicales y poéticas. Sin embargo, la información presentada en este estudio sobre estos elementos va a refutar y reconsiderar algunos conceptos que, hasta hoy, fueron aceptado como ciertos: especialmente en el caso de los origines de la décima española, su estructura poética y sus conexiones entre Puerto Rico y Argentina.

---

[28] Héctor Benedetti, "1: De cuando el tango aún no era. En busca de sus primeras manifestaciones," en *Nueva historia del tango: De los orígenes al siglo XXI* (Buenos Aires: Siglo XXI Editores, 2016), 19.

[29] Alejandro Frigerio, "El Candombe Argentino: Crónica de una muerte anunciada," *Revista de Investigaciones Folklóricas* No. 8 (1993), 50-60.

[30] Sylvain B. Pooson, *"Entre Tango y Payada*: La expresión de los negros en el siglo XIX," *Confluencia* 20, No. 1 (2004), 87-99; "HD Programa 017-Temporada 8- Afroargentinos," https://www.youtube.com/watch?v=eUik0wa96HY&list=LL8mqJY4bO eb4IP285vKj4OA&index=2 (acceso el 8 de febrero de 2018).

El desarrollo de la teoría de transculturación: 1940-1980

En investigaciones recientes, se ha descubierto que la teoría de transculturación lleva distintas connotaciones globales en América Latina y otras regiones del mundo. La crítica de la literatura de esta teoría se ha expandido desde siglo XX hasta siglo XXI. Desde los 1940 hasta los 1980, tres estudiosos de diferentes disciplinas académicas y áreas de América Latina han tratado de definir el termino de *transculturación* en una forma más clara de entender: Fernando Ortiz de Cuba, José María Arguedas de Perú y Ángel Rama de Uruguay.

Nos concentraremos en cómo estos estudiosos definen y expanden la teoría de transculturación en términos sociológicos, literarios y musicales. Y como la teoría se aplica a la cultura campesina de la isla y del gaucho argentino. Discutiremos algunos aspectos negativos y positivos de la teoría de años más recientes. Y demostraremos como se aplica a la música, y la poca atención que se le ha prestado a este género en el pasado.

En el libro *Contrapunto cubano: Tabaco y azúcar*, Fernando Ortiz (1881-1969) define por primera vez el término. En la segunda sección de su libro, el usa el termino para demostrar lo que él entiende como un mejor sustituto para la palabra *aculturación*. Él explica y clarifica la diferencia entre el concepto aculturación y transculturación y el exceso uso del primer término en relación a investigaciones antropológicas durante los años de los 1930. Para Ortiz, la definición envuelve el proceso transitivo de una cultura a otra y sus efectos sociales.[31] Basado en su descripción, el proceso se concentra primordialmente en obtener una nueva cultura, cuando a la misma vez se pierde otra.

Para poder entender la importancia del concepto de transculturación de Ortiz, damos una mirada a la definición hecha por Margaret J. Kartomi en 1981 en un estudio que ella llama "contacto

---

[31] Fernando Ortiz. "II. La etnografía y transculturación del Tabaco de Habana y los inicios de azúcar en América. 2: El fenómeno social de la transculturación y su importancia," en *Contrapunto cubano, Tabaco y azúcar* (Durham, NC: Imprenta de La Universidad de Duke, 1940, 1995). 97-103.

cultural" donde se opone al concepto de aculturación.[32] Kartomi ofrece cuatro razones por las cuales el concepto no funciona. El primer problema es la aplicación y apropiación, como obtener materiales de música de un hemisferio (ej. Europa, los Estados Unidos, etc.) a otro hemisferio. La aculturación contiene una plétora de aspectos etnocéntricos porque la música se percibe como más exótica. Ella duda que una cultura puede vivir completamente aislada. Existe una alta posibilidad que la música son combinaciones de más de una cultura. Si esta posibilidad existe, no se necesita hablar y no tiene sentido el hablar de una música aculturada como un resultado de contacto y una música sin aculturación por otro lado. Ella opina que la combinación intercultural de la música no es una excepción, si no una regla.[33]

El segundo problema que Kartomi encuentra con el modelo teorético de aculturación es la definición del concepto, y donde ella demuestra como otros estudiosos interpretan la teoría de distintas maneras. Ella investiga la historia y los problemas lexicológicas con un modelo de aculturación de 1880. Margaret J. Kartomi hace cita de trabajos de los antropólogos Ralph Linton y Melville J. Herskovits porque ellos llegan a la conclusión que el termino tiene distintas contradicciones. Kartomi va más allá en su investigación y examina el complejo de la palabra de *aculturar* de varios medios acreditados para demostrar que tienen significados contradictorios como se adapta a la cultura, y otra se enfoca en perder la cultura.[34]

Como tercer punto, Kartomi menciona que aculturación da a promover aspectos de racismo. Ella se refiere a Fernando Ortiz en su investigación, y el concepto de *aculturación* que también el veía como una forma negativa. Pero, hay momentos donde Ortiz comete los mismos errores con su teoría de *transculturación*. Con los distintos enfoques en escribir acerca de culturas diferentes, a veces se siente la presencia de racismo. Kartomi indica que la primera vez que se usó el termino fue en los tiempos coloniales. Ella opina que no es buena idea el estudiar culturas primitivas cuando todavía se están creando

---

[32] Margaret J. Kartomi, "Los procesos y resultados del contacto cultural de la música: una discusión sobre la terminología y conceptos." *Etnomusicología* 25, No. 2 (1981), 227-249, http://www.jstor.org/stable/851273 (acceso el 20 de julio de 2016).

[33] Margaret J. Kartomi, 1981.

[34] Margaret J. Kartomi, 1981.

imperios y los misioneros promoviendo el cristianismo y usando expresiones y música indígena. En esencia, la raza era el componente principal para enmarcar la ideología, imponiendo música de razas "superiores" a razas "primitivas."[35]

Finalmente, Kartomi ve el concepto de aculturación como un problema metodológico. Explica que la etimología de la palabra se define como "juntos." También aculturación olvida que ambas culturas comparten en el proceso. Por ejemplo, ella dice que un niño "que herede los ojos de su madre," por ejemplo, no dice nada sobre la identidad del niño. [36]

¿Si aculturación consiste de mitos y errores en relación a comprender las culturas, entonces como Fernando Ortiz hace que su teoría de transculturación sea distinta a la de teóricos pasados? Ortiz se enfoca en las condiciones socioeconómicos de Cuba en las primeras décadas del siglo XX y la diversidad de la herencia racial en el país. El ofrece una versión condensada de la historia de las distintas culturas en Cuba. De la culturización de los indios y europeos en Cuba, el menciona que

la verdadera historia de Cuba es una compuesta de muchas transculturaciones. La transculturación de los indios paleolíticos se debió al no poder ajustarse a las culturas traídas por los españoles. Los emigrantes blancos eran los españoles, pero representaban distintas culturas de la península ibérica, grupos que se trasplantaron al nuevo mundo donde ellos también tuvieron que adaptarse a un nuevo sistema de más culturas.[37]

Ortiz no se limitó solo al estudio histórico de estas dos culturas. También menciona grupos de África, otras razas y denominaciones religiosas que contribuyeron al desarrollo de la isla. Ortiz quería demostrar que transculturación afecta una plétora de culturas. Él menciona que había grupos estables de africanos viviendo en las regiones costeras del África por el Atlántico, de Senegal, Guinea, el Congo, y Angola y más lejos de Mozambique por el otro lado opuesto al continente. Todos ellos fueron destituidos de sus grupos

---

[35] Margaret J. Kartomi, 1981.

[36] Margaret J. Kartomi, 1981.

[37] Fernando Ortiz, "II. La etnografía y transculturación del Tabaco de Habana y los inicios de azúcar en América. 2: El fenómeno social de la transculturación y su importancia," en *Contrapunto cubano, el Tabaco y la azúcar* (Durham, NC: Imprenta de La Universidad de Duke, 1940, 1995). 98.

originales y su cultura destruida (aquí en Cuba). Y todavía seguían llegando emigrantes de otras culturas de diferentes partes del mundo: tomando influencias en retorno. Algunos de los grupos de emigrantes que menciona Ortiz son indios del continente, judíos, portugueses, anglosajones, además de los grupos de Macao, Cantón, y otras regiones llamadas Reina Celestial (de China). Y como todos, enfrentaron el problema de reajuste—es decir, de transculturación.[38]

Ortiz ilustra que el termino de transculturación envuelve más que solo adquirir la identidad y aprender las costumbres de una cultura más "avanzada." La transculturación requiere una *combinación* de procesos de perder costumbres de una cultura sumisa (indios, africanos) y ganar costumbres de otras culturas dominantes, como europeos. A través de esta combinación, pueden coexistir o formarse una nueva cultura. Ortiz menciona que las culturas pasan por un grado de sufrimiento a los ajustes de adaptación cultural.

La teoría de Fernando Ortiz ha sido muy beneficiosa para los estudios que se han hecho en América Latina. Ortiz ha sido elogiado por su trabajo por antropólogos como Bronislow Malinowski. Él ve esta teoría de una manera positiva por los beneficios de poder establecer relaciones pacíficas entre Estados Unido y Cuba. Malinowski se expresa de esta manera hacia la teoría de Ortiz:

> Con los esfuerzos científicos de estudiar y analizar las realidades de un complejo fenómeno social donde los individuos se revelan ante sí mismo, el entendimiento entre América del Norte podría ser de buena voluntad más fructífero hacia Cuba, la isla vecina más importante y cerca de los estados unidos. Es obvio que aquí como en toda fase o fenómeno de transculturación los beneficios de entendimiento e influencias sean mutuos.[39]

Otros estudiosos contemporáneos de los 1980 y 90 exploran el concepto de transculturación en *Contrapunto Cubano* de un punto de vista completamente diferente. El autor y ensayista cubano Antonio Benítez-Rojo (1931-2005), en su libro *La isla que se repite: para una*

---

[38] Fernando Ortiz, 98.

[39] Bronislow Malinowski, "Introducción," en *Contrapunto cubano, el Tabaco y la azúcar* (Nueva York: Alfred A. Knopf, 1947), xvi.

reinterpretación de la cultura caribeña (c. 1989), dedica todo un capítulo a la discusión y análisis de la estructura, contenido e impacto del libro *Contrapunto Cubano*. Tomando en cuenta la primera publicación del libro de Ortiz (1940), Benítez-Rojo usa el *Contrapunto Cubano* como un recurso que tiene potencial y manifiesta ideas postmodernistas y analiza técnicas desde el punto de vista del Caribe. Benítez-Rojo recomienda a sus lectores que conocen *Contrapunto Cubano* el estudio del libro. Es más que una exploración de la estructura, la sociedad y economía de Cuba. Para críticos desde el punto de vista postmodernista, el autor es más que un creador; es un técnico o artesano cuyo trabajo es persistir en la práctica.[40]

José María Arguedas aplica el termino refiriéndose al impacto de las comunidades indígenas en su país natal de Perú en su libro, *La formación de una cultura indoamericana* (1969, 1975). Como Ortiz, Arguedas llama la atención de la importancia en las mezclas de las culturas raciales. Teniendo en cuenta que Arguedas quiso hacerlo desde el punto de vista de extranjero, logro mantener con respeto las comunidades peruvianas indígenas.[41]

Ángel Rama aplica la misma teoría de transculturación, pero él hace esto desde el punto de vista de la literatura ficción de la América Latina contemporánea. En su tópico de investigación de 1982. Rama se concentra mayormente en las nuevas tendencias literarias en América Latina a principio del siglo XX como Modernismo versus Realismo. Rama explica que el Avant-garde de la literatura latinoamericana de los 1930 se basa principalmente en influencias europeas. El trabajo de Regionalismo de los 1910 basa su inspiración en áreas locales de diferentes regiones de América Latina.[42] Influenciado por José María Arguedas, Rama divide en tres los aspectos que él llama "Narrativos Transculturales": Lenguaje,

---

[40] Antonio Benítez-Rojo y James E. Maraniss (Traducida en inglés), "4. Fernando Ortiz: El Caribe y la posmodernidad," en *La isla que se repite: para una reinterpretación de la cultura caribeña, Segunda Edición* (Durham, NC: Imprenta de La Universidad de Duke, 1996), 150-176.

[41] José María Arguedas, "El complejo cultural en el Perú," in *Formación de una cultura nacional Indoamericana*, (Coyoacán, MX: Siglo veintiuno editores, 1975), 1-9.

[42] José María Arguedas y Ángel Rama (Ed.), "Introducción," in *Formación de una cultura nacional Indoamericana*, (Coyoacán, MX: Siglo veintiuno editores, 1975), ix-xxiv; Ángel Rama "1. La literatura y la cultura," en *Escribiendo a través de la cultura: La transculturación narrativa en América Latina* (Durham, NC: Imprenta de La Universidad de Duke, 2012), 3-36.

Estructura literaria y Punto de vista. Concentrado en aspectos lingüísticos de la literatura transcultural, él explica como autores aplican este estilo de escribir. Combina dialectos específicos de regiones latinoamericanas con lenguajes modernos.[43]

---

[43] Ángel Rama, 3-36.

El desarrollo de la teoría de transculturación: 1980-2010

Los teoristas que desarrollaron y expandieron la teoría de transculturación a principio del siglo XX se concentraron en las áreas de América Latina. Teniendo en cuenta que investigadores de los 1980 siguieron enfocándose en estas partes del mundo, el termino de transculturación es *global*. Otras publicaciones, como los trabajos de Dharma Deva, Elfhria Arpoglou y otros observan el termino fuera del ámbito de América Latina.[44] Frecuentemente combinan diferentes teorías con transculturación con el objetivo de presentar puntos de vista más claros de las sociedades bajo investigación. Como en el caso de Dharma Deva, algunas discusiones son presentadas en conjunto a aculturación. Este punto seria cuestionable por Margaret J. Kartomi por las multitudes de problemas asociados anteriormente con la teoría.[45] Basado en los estudios que he realizado para esta investigación, debo mencionar que las aplicaciones de transculturación usadas en las décadas siglo XX y a principios del siglo XXI incluyen discusiones asociadas con la política, la sociología, la literatura, y otras artes, pero no música.

Diana Taylor habla de transculturación en términos del teatro y drama.[46] En su artículo de 1991 titulada "La transculturación de transculturación," ella explora más elementos de la aplicación de la teoría a aspectos sociológicos. Taylor menciona que las primeras teorías establecidas por Fernando Ortiz y Ángel Rama sirven como

---

[44] Eleftheria Arapoglou et al, *Narrativas móviles: viaje, emigración, y transculturación* (Nueva York: Routledge, 2013); Dharma Deva, "La transculturación y aculturación musical," http://www.rawa.asia/ethno/MUSICAL%20TRANSCULTURATION%20AND%20ACCULTURATION%20ESSAY.htm. 2000 (acceso el 25 de octubre de 2015).

[45] Margaret J. Kartomi, "Los procesos y resultados del contacto cultural de la música: una discusión sobre la terminología y conceptos." *Etnomusicología* 25, No. 2 (1981), 227-249, http://www.jstor.org/stable/851273 (acceso el 20 julio de 2016).

[46] Diana Taylor, "La transculturación de transculturación," *Diario de las artes escénicas* 13, No. 2 (May 1991), bajo "JSTOR," http://www.jstor.org/stable/3245476 (acceso el 21 de septiembre de 2015); *El archivo y el repertorio: Ejecutando la memoria cultural en las Américas,* (Durham, NC: Imprenta de La Universidad de Duke, 2003).

base para implementar su teoría desde el punto de vista del teatro.[47] Conectando las artes teatrales latinoamericanas con transculturación, ella mantiene un sentido de preocupación en repercusiones de la teoría. Este punto es ilustrado en su investigación cuando ella dice que: la transculturación afecta toda la cultura; envuelve los cambios sociopolíticos, no solo estéticos, modifica identidad individual y colectiva, cambio el sentido verbal y simbólico.[48]

Para que los lectores comprendan lo que significa *cultura*, Taylor dedica tiempo en su artículo para definir el término. Citando a David Laitin, Max Weber y Clifford Geerz, ella explica el termino social y político. Ella nota que *cultura* hace que las personas puedan establecer su identidad y como entenderla.[49] Taylor expande la idea de la teoría más allá de los términos establecidos por Fernando Ortiz. Mientras la teoría muestra la creación de nuevas culturas, Taylor percibe transculturación como algo más que un intento para promover y mezclar la unidad cultural. La teoría de transculturación algunos la ven como la posición y reposición política de una forma colectiva por conseguir el poder. El problema con transculturación no es uno con sentido (que los símbolos tengan distintos contextos). También es uno de posición y selección política: que forma, símbolos, o aspectos donde la identidad cultural confronta o se hace más pronunciada.[50]

Taylor expresa que es saludable mirar a la teoría de transculturación desde otro punto de vista. Ella menciona que el proceso establecido por la teoría sirve dos propósitos. Afecta a ambas culturas el opresor y los oprimidos. Además, aunque ambas culturas estuvieron en el mismo proceso de transformación, la cultura del opresor no quiere admitir que ellos también sufrieron un cambio. Taylor usa los términos *Primer mundo* y *Tercer mundo* en relación a las culturas de Europa y los Estados Unidos, que perciben en términos etnocéntricos algunas regiones de América Latina. Las sociedades del *Primer mundo* versus los del *Tercer mundo* también aplican a Puerto Rico

---

[47] Diana Taylor, "La transculturación de transculturación," *Diario de las artes escénicas* 13, No. 2 (May 1991), bajo "JSTOR," http://www.jstor.org/stable/3245476 (acceso el 21 de septiembre de 2015).

[48] Diana Taylor, 1991.

[49] Diana Taylor, 1991.

[50] Diana Taylor, 1991.

con la *Operación manos a la obra*. Fue un programa creado por el gobierno de los Estados Unidos en 1942 dedicado a la reconstrucción social y económica de la isla, ya que el país según ellos se consideraba desamparado y en necesidad de ayuda para sobrevivir.[51]

Otros escolares, como Friedrich W. Sixel y José Luis Gonzáles y Fabien Viala, también encuentran problemas con la teoría de transculturación en sus investigaciones. Sixel concentra su estudio específicamente en el caso de la comunidad indígena de los Landinos de Guatemala (1969). Hasta el final de su investigación etnográfica, Sixel concluye que era difícil para los Landinos vivir y comunicarse con otra gente indígena del país porque los Landinos perdieron parte de su cultura original y se "modernizaron" para sobrevivir.[52] En relación con los problemas de transculturación, según Fabiene Viala en su libro *El síndrome después de Colon: El nacionalismo cultural y conmemoraciones en el Caribe* (2014), ella indica que la teoría habla de una memoria selectiva. Es decir, una memoria que enfatiza la historia y cultura española de Europa como un factor predominante en las culturas latinoamericanas y caribeñas.[53]

José Luis Gonzáles (1926-1997) tampoco acepta la teoría de transculturación; su razón fue las condiciones políticas del siglo XX. Gonzáles percibe la historia y cultura de Puerto Rico desde la perspectiva de un escritor y no de un historiador. Con sus ideales políticos, el denuncio la ocupación norteamericana en Puerto Rico, y se negó aceptar que esa penetración equivaliera a una "transculturación": lo que el definió como una "despuertorriqueñización." Estaba convencido que las causas y las consecuencias se entendían como el concepto de lucha entre "dos culturas" puertorriqueñas.[54]

---

[51] Déborah Berman Santana, "La Operación manos a la obra de Puerto Rico: Las raíces coloniales de un modelo persistente para un desarrollo de un 'Tercer Mundo,' *Revista Geográfica, 124* (1998). http://www.jstor.org/stable/40992748, (acceso el 30 de octubre de 2016).

[52] Friedrich W. Sixel, "Inconsistentes culturales en el proceso de transculturación," *Sociologus 19*, No. 2 (1969), http://www.jstor.org/stable/43644408 (acceso el 6 de junio de 2016).

[53] Fabienne Viala. *El síndrome después de Colon: El nacionalismo cultural y conmemoraciones en el Caribe* (New York: Palgrave Macmillan, 2014), Libro en inglés.

[54] José Luis González, "El país de cuatro pisos" in *El país de cuatro pisos y otros ensayos*, (Rio Piedras, PR: Ediciones Huracán, 1987), 34.

En contraste, Ernesto A. Duff se enfoca en los efectos del imperialismo estadounidense en la economía puertorriqueña. Un aspecto interesante en el estudio de Duff es que el también dedica atención a los efectos de modernización y transculturación en las áreas rurales de las montañas en la isla. A final de su estudio en 1989, Duff expone algunos puntos significantes. Primero, los habitantes de las áreas rurales han resistido la modernización escogiendo en mantener sus tradiciones y costumbres sociales. Segundo Duff establece que trazas de transculturación traídas por el imperialismo estadounidense permanecen presente en Puerto Rico.[55]

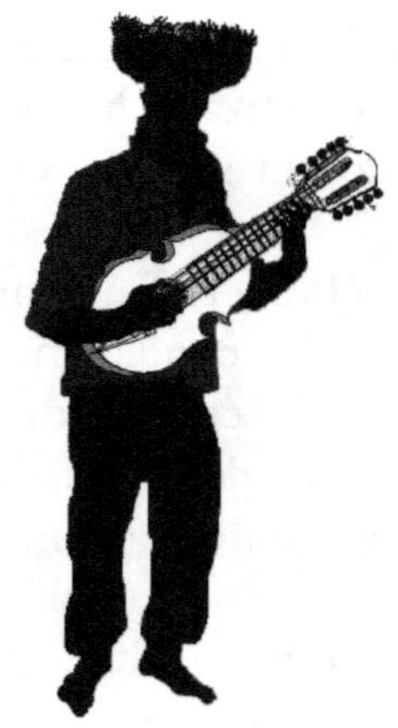

---

[55] Ernest A. Duff, "La transculturación en Puerto Rico: La realidad de un imperialismo cultural americano," *Asuntos caribeños* 2, No. 1 (1989), 116-128.

Tabla 1: Orden cronológico y comparativos de eventos en la historia y música de Puerto Rico y Argentina: 1815-1945

Año/Década	Evento(s) n Puerto Rico	Evento(s) en Argentina
1815	Real Cedula de Gracias—ley hecha por la Monarquía española para avanzar la economía en Puerto Rico Ley permitió que los extranjeros de otros países latinoamericanos y europeos pudieran emigrar, vivir y establecer negocios en Puerto Rico	Independencia de Argentina contra España (Guerra de Independencia Argentina comenzó en el 1810, y termino en 1818)
1849	Publicación de *El gíbaro*, escrito por Manuel Alonso (1822-1889)	
1853		La abolición de la esclavitud en Argentina y la creación de la tercera Constitución de la Nación Argentina.
1868	Grito de Lares—una revuelta contra el imperialismo español	
1872-1880		Publicaciones de los poemas gauchas *El gaucho Martín Fierro* (1872) y *La vuelta de Martín Fierro* (1879), escrito por José Hernández La publicación de la novela gauchesca *Juan Moreira* (1879-1880), escrito por Eduardo Gutiérrez
1873	Abolición de esclavitud en Puerto Rico	
1880-1914		Periodo de mayor crecimiento económico y emigración de extranjeros al país

		1884: El desafío entre los payadores Gabino Ezeiza y Juan de Nava
1889	Publicación del libro, *El campesino puertorriqueño: sus condiciones físicas, intelectuales y morales, causas que las determinan y medios para mejorarlas.*, escrito por Francisco del Valle Atiles	
1894		El primer desafío documentado entre los payadores Gabino Ezeiza y Pablo Vázquez
1895-1898	La Guerra Hispanoamericana Ocupación estadounidense en Puerto Rico	
1900	La Ley del Foraker—estableció un gobierno puertorriqueño democrático (pero limitado)	30 de marzo: Decreto presidencial, estables que palabras ofensivas para los emigrantes españoles en el himno nacional argentino serian omitidas en las presentaciones publicas
1890s-1910s	Las primeras grabaciones de música en cilindros de cera, y despúes en discos fonográficos. 1909-1910: Periodo de grabaciones de música folklórica en Puerto Rico y en los Estados Unidos.	Las primeras grabaciones de música en cilindros de cera, y despúes en discos fonográficos 1900s: Se establecen factorías y estudios de grabaciones en Argentina
1914-1918	La Primera Guerra Mundial	La Primera Guerra Mundial

	1917: Ley de Jones-Shafroth—promueve la ciudadanía estadounidense para los puertorriqueños Hace el servicio militar obligatorio durante la guerra. Compañía de grabación Victor visita Puerto Rico	1914: Población de Argentina es de 7.900.000 personas 58% de esta población son emigrantes extranjeros de Europa.[56] 1916: Publicación del libro de *El payador*, escrito por Leopoldo Lugones (acerca de la literatura gauchesca argentina) 1917: Estreno del primer tango canción, "Mi noche triste"
1920	Se establece el "Radio Porto Rico Club"	la primera transmisión radiofónica en Argentina el 27 de agosto
1922	Inauguración primera emisora de radio (WKAQ) San Juan, PR el 3 de diciembre	
1928	Huracán San Felipe	
1929	La Depresión Empieza el radioteatro	La Depresión Empieza el radioteatro *La caricia del lobo*, una de las primeras radionovelas de Argentina
1930	*El caballo andaluz*, una radionovela con episodios diarios.	El 6 septiembre—"La Década Infame" Censura de la radio con reglas estrictas
1932	Huracán San Ciriaco	(1932-1935) Guerra del Chaco
1933-1946	El desempleo a 65%--"El Tiempo Muerto"	1933: Primer Reglamento de Radiocomunicaciones

---

[56] El observador: "Mi noche triste." "Cien años atrás, Gardel estrenaba el primer tango canción de la historia," *Perfil*, http://www.perfil.com/elobservador/cien-anos-atras-gardel-estrenaba-el-primer-tango-cancion-de-la-historia.phtml, el 7 de enero de 2017 (acceso el 13 de abril de 2018).

	El Nuevo Trato La fundación de PRERA	La censura del lenguaje lunfardo en la música
1934	El Plan Chardón Huelga de la caña Se establece segunda emisora de radio (WNEL) en San Juan	
1935-1936	Reconstrucción administrativa PRRA Huelga de los muelles El abril de 1935: Carlos Gardel visita Puerto Rico	El Tiempo de Oro del Tango—Termina en 1955 La publicación del tango canción "Cambalache," escrito por Enrique Santos Discépolo El mayo de 1936: Inauguración del Obelisco, celebración cuatro ciento anos a Argentina
1939-45	La Segunda Guerra Mundial	La Segunda Guerra Mundial
1942-43	Creación del programa "Operación manos a la obra" ("Operation Bootstrap")	1943: Coup d'etat en Argentina, el país gobernado bajo la dictadura de Juan Perón Tango canción "Cambalache" sufre censura por Ministerio de Educación
1945	Termina la Segunda Guerra Mundial.	Termina la Segunda Guerra Mundial. Publicación del libro *La Década Infame* por el periodista, autor y político José Luis Torres.

Tabla 2: Investigadores y sus teorías de transculturación

Persona y profesión	País	Año(s) de contribución	Descripción
Fernando Ortiz: antropólogo, criminólogo y estudioso del Espiritismo	Cuba	1940	Crear teoría de *transculturación* El proceso de crear una nueva cultura combinando dos culturas preexistentes Envuelve una serie de eventos: perder una cultura y la ganancia de otra cultura Percibe su teoría como una alternativa a *aculturación* (1930s), o la transformación impuesta de una cultura a otra.
Bronislow Molinowski: antropólogo	Estados Unidos	1940	Aprueba y promueve la teoría de transculturación de Fernando Ortiz
José María Arguedas: autor	Perú	1969, 1975 (Post.)	Aplica la teoría de transculturación a la literatura latinoamericana, concentrándose específicamente en la comunidad indígena peruana
Ángel Rama: autor	Uruguay	1982	Expande los conceptos de José María Arguedas, aplica transculturación a la literatura contemporánea
Friedrich W. Sixel: antropólogo	Alemania	1969	Investigación de los efectos sociológicos de transculturación en la comunidad indígena Landina en Guatemala

José Luis González: autor	Puerto Rico	1979	Niega la teoría de transculturación en relación a la historia y cultura de Puerto Rico
Margaret J. Kartomi: etnomusicólogo	Australia	1981	Presenta una defensa de la teoría de transculturación y da razones porque la teoría de aculturación no funciona
Ernest A. Duff, antropólogo	Estados Unidos	1989	Aplica la teoría de transculturación a la economía puertorriqueña durante la ocupación norteamericana (1898-1952) y sus efectos en los 1980s
Diana Taylor, antropólogo, especialista en la historia y estudios culturales latinoamericanos	Estados Unidos	1991	Aplica la teoría de transculturación a el teatro latinoamericano
Fabienne Viala, antropólogo	Inglaterra	2014	Niega la teoría de transculturación como algo que promueve una memoria selectiva en América Latina

La tecnología de los tiempos

<u>La radio en Puerto Rico y Argentina</u>

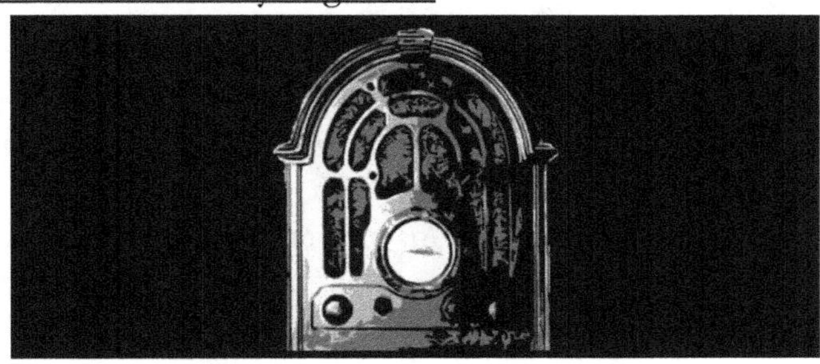

"La radio ha acercado la mejor música del mundo a todas las personas que deseen escucharla y tengan acceso a un aparato receptor."
-de un locutor aficionado-

Durante los años de los 1920, surgió la creación de una tecnología de radiodifusión. La primera transmisión de radio en la Argentina fue en el 27 de agosto de 1920. La transmisión en Teatro Coliseo de Buenos Aires, que duró tres horas, comenzó con estas palabras: "Señoras y señores: La Sociedad Radio Argentina les presenta hoy el festival sacro de Ricardo Wagner *Parsifal...*" Esto fue posible por la dedicación y trabajo de cuatro estudiantes universitarios de medicina y radioaficionados, a los que se le conocía como "Los locos de Azotea."[57]

En el 1920, Puerto Rico también contaba con un grupo de radioaficionados llamado "Porto Rico Radio Club": dirigido por Joaquín Agusty y Manolo Ochoa entre otros miembros de este club. Mientras esta nueva tecnología llego a la isla el 3 de diciembre de 1922 con una programación inaugural de WKAQ en San Juan. Incluyo estas primeras palabras en las ondas radiales: "Esta es WKAQ en San Juan, capital de Puerto Rico, La Isla del Encanto, y donde se produce el mejor café del mundo." (Joaquín Agusty). La corta programación

---

[57] Mdz, "Historia cronológica de la radio en Argentina." https://www.mdzol.com/nota/232937-historia-cronologica-de-la-radio-en-la-argentina/ (acceso el 12 de marzo de 2018); Héctor Benedetti, "4. Problemático y febril: Un camino ascendente entre dos crisis de expresión," en *Nueva historia del tango: De los orígenes al siglo XXI* (Buenos Aires: Siglo XXI Editores, 2016), 124-128.

comenzó con el himno nacional "La Borinqueña," discurso inaugural por el juez del Tribunal Supremo Emilio Toro Cuevas, breves palabras del gerente de la compañía telefónica J. T. Quinn, seguido por selecciones musicales que incluyeron una soprano y una pianista interpretando música de danza.[58]

Solo unos pocos contaban con aparatos receptores. Fue un proceso largo y experimental del sistema de transmisión global. En la infancia de la radio, las presentaciones eran crudas, sin refinar y en vivo. A través de los tiempos, la radio se convirtió en un gran instrumento de comunicación transcultural, lo que hizo posible que muchos emigrantes se integraran a la nueva forma de cultura y sociedad. Recordando que la transmisión inicial en Argentina fue escuchada por cincuenta personas, los propietarios de los contados radios que había en el país. La evolución fue rápida ya que, para el año 1923, Argentina contaba con sesenta mil receptores. En el mismo año, las emisoras de radio empezaban hacer nombrada con la combinación de letras y números bajo la dirección del Ministerio de Marina.[59] Todo esto es tomando en consideración que comenzó a llegar al público argentino en el 1926. En Puerto Rico, los radioaficionados transmitían discos fonográficos para entretenimiento de sus amigos. Para los 1930 en la isla, habían alrededor de cuatro mil radios y una audiencia de vente y cinco mil personas.[60]

En Argentina, la radio siguió creciendo; algunas emisoras se crearon en días consecutivos unas de otras como Radio Argentina y Radio Cultura. Esta fueron algunas de las muchas emisoras de radio creadas: Radio Nacional LRA, Radio Paris, Radio Belgrano LR4 Radio

---

[58] Tinta digital, "La radioafición en Puerto Rico," http://www.qsl.net/kp4md/rcprsp.htm (acceso el 12 de marzo de 2018); "Comienzos de la radio en Puerto Rico," http://tintadigitalpr.com/blog/comienzos-de-la-radio-en-puerto-rico/ (acceso el 12 de marzo de 2018).

[59] Héctor Benedetti, "4. Problemático y febril: Un camino ascendente entre dos crisis de expresión," en *Nueva historia del tango: De los orígenes al siglo XXI* (Buenos Aires: Siglo XXI Editores, 2016), 124-128.

[60] Mdz, "Historia cronológica de la radio en Argentina." https://www.mdzol.com/nota/232937-historia-cronologica-de-la-radio-en-la-argentina/ (acceso el 12 de marzo de 2018); "Comienzos de la radio en Puerto Rico," http://tintadigitalpr.com/blog/comienzos-de-la-radio-en-puerto-rico/ (acceso el 12 de marzo de 2018).

"Splendid." La primera emisora puertorriqueña, WKAQ de 1922, fue seguida por WNEL en 1934 como la segunda emisora en San Juan, que fue radioteatro. Después, llego la creación de WPRP Ponce en el 1936 y WPRA Mayagüez en el 1937.[61]

Aunque la radio no se pensó como una institución comercial, en el 1931 en Argentina se inauguró la emisora radial LV10 Radio Cuyo. Fue la primera emisora comercial, que se especializo en ventas y entretenimiento. Esta radio difusora transmitía música grabada y anuncios, pero también invitaba a músicos para tocar en el estudio. La emisora WNEL de la isla puertorriqueña se especializo en implementar radioteatro. Fue la primera en subscribirse a una agencia de noticia en el exterior y traer artistas del extranjero para presentarlos en programas como invitados internacionales (ej. Jorge Negrete y Pedro Vargas).[62]

<u>Los receptores</u>

La nueva tecnología hizo que los vecinos crearan un sentido de camaradería cuando se reunían a oír su programación favorita como entretenimiento: música, comedia, drama y transmisión de eventos deportivos. El poder ser dueño de un receptor en esos tiempos fue difícil. Con la caída de la bolsa de valores económicos de 1929, los desastres atmosféricos y las situaciones políticas, hicieron la vida más difícil no importaba si te encontrabas en Puerto Rico o Argentina.[63] Por ejemplo, el sueldo semanal de un trabajador en Puerto Rico era de diez a doce dólares. Cuando el costo de los receptores fluctuaba entre los treinta y sesenta dólares, el aparato se consideraba un lujo.

Una consecuencia con la nueva tecnología fue la necesidad de un reparadores de receptores: un problema común con la radio en Puerto Rico. Se empezaron a crear cursos en el extranjero de reparadores o técnicos especialistas. Cogiendo estos cursos de radio, los estudiantes recibían diagramas, planos y guías como parte de la instrucción.[64] Esto trajo como consecuencia que la gente podía construir su propio radio y donde se empezó a notar que muchos de

---

[61] "Historia cronológica de la radio en Argentina"; "Comienzos de la radio en Puerto Rico,"

[62] "Historia cronológica de la radio en Argentina." "Comienzos de la radio en Puerto Rico,"

[63] "Comienzos de la radio en Puerto Rico"

[64] "Comienzos de la radio en Puerto Rico"

los que tenían receptores en su casa eran de segunda mano y reparados. Los receptores podían ser comprados en mueblerías, como La Casa Sánchez Morales, que se dedicó a la venta de receptores por más de veinte años. Para los años de 1945 a 1950, se encontraban marcas de receptores, como *Zenith*, *Philco* y *RCA*.[65]

Lo que el radioyente esperaba

Los receptores eran pesados con estilos de mueble o de simple diseño para poner en mesa. Si se ampliaba el volumen, los vecinos que no tenían radio también podían compartir el entretenimiento. En la radio, se encontraban géneros y formatos que fueron bien recibidos por los radioyentes. En la Argentina, era común oír la transmisión de música clásica diariamente. Las noticias cotidianas gano espacio en vivo. En el 1923 el boxeo pelea del siglo, y el 1924 el deporte futbol entre Uruguay y Argentina.[66]

El radioteatro fue popular en Argentina como en Puerto Rico. Los primeros programas fueron combinaciones de música criolla centrada en canciones camperas, payadas y comedias. Se le atribuye a Francisco Mastandrea el cambio en nuevas direcciones del drama en lo que se llamó novela con su creación *La caricia del lobo*: una novela radial que seguía en secuencia diariamente de estructura temática y drama gauchesco. En el 1930 en la isla de Puerto Rico, sale la primera novela radial llamada *El caballo andaluz*. Esta producción fue considerada por muchos radioyentes como de "mala calidad."[67]

Mientras la comedia y la sátira política fueron popular en Puerto Rico. En el 1932, surgió la programación de *Compay Sico y Compay Telo*, que luego cambio a la sátira política *Los jíbaros de la radio*. Los miembros de esta programación entre los años 1930 a 1939 fueron Manolin Martínez, "Manomeco" era el personaje que hacía Jesús Rivera Pérez y Modesto Navarro. La interpretación del tema de

---

[65] "Comienzos de la radio en Puerto Rico"
[66] Mundo Sur 106.5, "Historia de la radio en Argentina,"
http://www.mundosurfm.com/historia-de-la-radio-en-la-argentina/
(acceso el 12 de marzo de 2018).
[67] Tinta Digital PR, "Comienzos de la radio en Puerto Rico,"
http://tintadigitalpr.com/blog/comienzos-de-la-radio-en-puerto-rico/
(acceso el 12 de marzo de 2018).

presentación y cierre de programa era hecho por el grupo de música campesina "Aurora."[68]

Además, las emisoras radiales brindaban una variedad de música folklórica, como la programación de *La hora campesina* de 1937. Surgieron nuevos talentos como Juan Antonio "Toñin" Romero Muñiz del pueblo de Jayuya: que, a los diez y nueve años de edad, formaba parte del elenco artístico de la emisora WPRP. Para los 1940, surge *Melodías criollas* en WKAQ con la participación de los hermanos Morales Ramos de Caguas: Ramito, Moralito y Luisito que con doce años de edad hacia su primera décima radial.

Los gobiernos y la programación radial

Las consecuencias de crisis económicas y los innumerables cambios de gobierno crearon inquietud en los pueblos, afectando los medios informativos de las comunidades, como la prensa y la radio. Como parte de esta forma de gobernación en la Argentina, hubo censuras y reglas estrictas. En 1933, se estableció un Reglamento de Radiocomunicaciones, el cual fue vigente hasta mayo 1946. En el mismo año, Edelmiro Farrell presenta otro decreto manual de instrucciones para la radiodifusión: una compilación de los redactados en 1933. Las motivaciones para la censura de la música en la radio fueron por razones políticas, lingüísticas, paranoicas, y ridículas.[69]

Desde 1930 al 1943, lo que conoce como "La Década Infame," la Argentina sufrió un periodo de inestabilidad y atropellos hacia los trabajadores. En su libro retrospectivo de 1945 *La Década Infame*, el periodista, escritor y político José Luis Torres expresaba el fraude electoral y corrupción de los tiempos.[70]Algunas de las reglas estrictas para la radio fueron censura de ciertos vocablos, según Enrique Fraga en su libro *La prohibición del lunfardo en la radiodifusión*; incluyeron palabras como "broadcast," "nacional," "malevo" y "milonga." Según el autor, la definición de milonga era tachar directamente emblemas y cosmovisiones populares. La situación llego a tal extremo que algunas

---

[68] Tinta Digital PR, "Comienzos de la radio en Puerto Rico."

[69] Juan Pablo Bertazza, "Si se calla el cantor," *Página 12*,
https://www.pagina12.com.ar/diario/suplementos/radar/9-4990-2008-12-14.html (acceso el 18 de abril de 2018).

[70] Gregorio Selser, "Prohíbese el tango 'Cambalache,' escrito en 1935. Molesto espejo." *El Dia*, 26 de octubre de 1981, 55.

radioemisoras tuvieron que cesar operaciones o cambiar de nombre para poder seguir retransmitiendo.[71] Un modelo descriptivo divulgando las situaciones de aquel presente es el tango canción "Cambalache." Si damos una vista al pasado, notamos que durante el periodo de "La Década Infame," ese tango sobrevivió ocho años libre de censuras.

En el periodo de 1943 al 1949, el decreto de manual de instrucciones para las estaciones radiodifusoras fue sistemáticamente puesto en práctica. Fue cuando el Ministerio de la Educación de la época, tras hacer un análisis de la letra de "Cambalache," sentencio al tango por sedicioso y mala interpretación del lenguaje. En 1976, el tango "Cambalache" nuevamente fue censurado: esta vez, por la dictadura militar. Han transcurrido ochenta y tres años de la composición de este tango canción, y se sigue adaptando al presente que vivimos pues ofrece una predicción para el futuro. Es por esta razón que Gregorio Selser usa "Cambalache." en 1981 para analizar y criticar otro periodo de crisis en Argentina.[72]

Mientras en la isla de Puerto Rico, el gobierno desarrolló un proyecto complementario para la enseñanza pública en la radio llamada "La Escuela del Aire." Esta programación comenzó en el 1935, y consistió en un espacio de tiempo dedicado a todas las emisoras principales de la isla: San Juan, Ponce y Mayagüez para la retransmisión de programas educativos, además de una programación nocturna dirigida al entretenimiento público general y a la educación de adultos. El propósito era combatir el analfabetismo, contribuir a la socialización de zonas rurales, proporcionando información acerca de asuntos económicos, problemas cívicos sociales, y de agricultura entre otros. Este fue un proyecto modelo de radio educativo para promover el progreso en la enseñanza y actividades de jóvenes y la población de adultas.[73] Entre el personal que ayudo en la programación, se

---

[71] Mdz, "Historia cronológica de la radio en Argentina." https://www.mdzol.com/nota/232937-historia-cronologica-de-la-radio-en-la-argentina/ (acceso el 12 de marzo de 2018): Enrique Fraga, *La prohibición del lunfardo en la radiodifusión* (Argentina: Lajouane, 2006).

[72] Gregorio Selser, "Prohíbese el tango 'Cambalache,' escrito en 1935. Molesto espejo." *El Dia*, 26 de octubre de 1981, 55.

[73] Tinta Digital PR, "Comienzos de la radio en Puerto Rico," http://tintadigitalpr.com/blog/comienzos-de-la-radio-en-puerto-rico/ (acceso el 12 de marzo de 2018).

encontraban escritores como Enrique Laguerre y Julia de Burgos y actores como Lucy Boscana y Leopoldo Santiago Lavadero. Esta fue la base para más tarde la creación de radio pública de Puerto Rico emisora de gobierno WIPR. El propulsor de esta idea fue Ernesto Ramos Antonini.[74]

Las grabaciones musicales

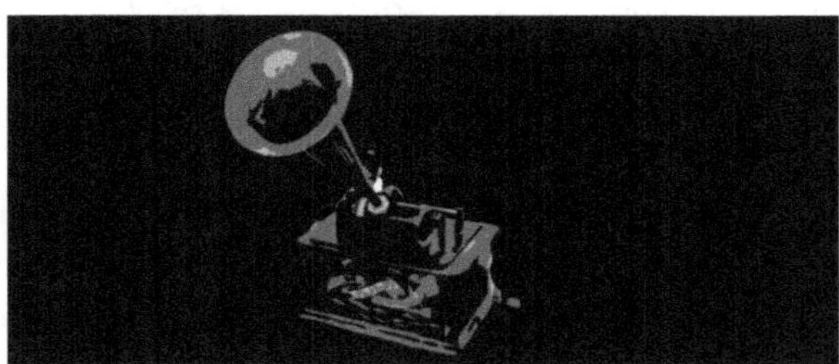

La creación y expansión de la música fue posible gracias a los elementos de difusión global con nuevas ideas y un renacimiento tecnológico. Esto sucede cuando aparatos de difusión aparecen en la vida cotidiana en secuencia de uno o dos años de diferencia, trayendo cada uno mejor tecnología que la anterior. En 1877, Thomas Edison creo el fonógrafo, que usó cilindros de cera para grabar dictaciones y después música. Con la implementación de cilindros en la Argentina en los 1890s, los establecimientos ofrecían distintas selecciones de piezas liricas, canciones patriotas y música de payadores. [75]

El gramófono fue creado en 1888 por Emil Berliner. Esta invención se impuso sobre el cilindro, utilizando discos planos en vez de los cilindros de cera. Ya para el 1894, se lanzaron los primeros discos. Pero, como fue en todas partes del mundo, los cilindros y discos coexistieron hasta que las maquinas reproductoras quedaron obsoletas y desaparecidas del mercado. Además, fue lógico que nueva tecnología empujara a la vieja. Las ventajas que el disco tenía era mayor capacidad de reproducción, según fue evolucionando. Se podía incluir

---

[74] Tinta Digital PR, "Comienzos de la radio en Puerto Rico."

[75] Héctor Benedetti, "3. Setenta y ocho revoluciones por minuto: El tango empieza a expandirse," en *Nueva historia del tango: De los orígenes al siglo XXI* (Buenos Aires: Siglo XXI Editores, 2016), 87-113.

más segundos, y más tarde se podían tener dos grabaciones: una a cada lado de la placa.[76]

Comenzaron a surgir las compañías de grabación como Columbia Records, Victor Records, disco Record Odeon—después Disco Nacional entre otras. Este corto recorrido a través de la tecnología no estaría completo sin mencionar al personaje principal que le dio vida a esta innovación grabadora y difusiva, "el musico." Uno de los primeros músicos que se hizo muy popular en este medio fue Vicente Greco. Trabajó con Columbia Records y estuvo en su catálogo de tangos y de donde por primera vez se usó el término "repertorio criollo." Para 1904, Carlos Gardel también apareció en el catálogo de Columbia Records.[77]

Carlos Gardel y Razzano también tuvieron etiquetas personalizadas con Disco Nacional. Esto es solo para mencionar algunos de los cientos de músicos destacados que hicieron esta nueva modalidad. Las situaciones políticas y el desarrollo de la Primera Guerra Mundial transformo el destino de las naciones, y este fue el caso de la discografía en Argentina. Los discos se grababan en Buenos Aires, pero las plantas matrices de copiar y prensar estaban en Europa. Habiendo gran demanda de la mercancía y poca oferta, la producción quedó desproporcionada.[78]

Mientras la información sobre las primeras grabaciones de música en Puerto Rico en los 1900 y los 1910 indica algunas brechas en su historia cronológica. Vale la pena mencionar que Puerto Rico llevaba diez años bajo territorio norteamericano. Una grabación cilíndrica de Edison Amberol aparece en 1909, grabada por Gracia López: la primera mujer en grabar música fuera de Puerto Rico, una pieza guaracha. Algunas grabaciones sobrevivieron, pero se encuentran en colecciones privadas no accesible al público.[79]

Según el coleccionista David Morales, solo algunas compañías de grabación viajaron a la isla o grabaron materiales de Puerto Rico.

---

[76] Héctor Benedetti, 87-113.

[77] Héctor Benedetti, 87-113.

[78] Héctor Benedetti, 87-113.

[79] David Morales, "Grabaciones tempranas de música jibara puertorriqueña: 1909-1910." *La Clave* (Blog), http://plenama.blogspot.com/2011/06/early-audio-recordings-of-puerto-rican.html?m=1 (acceso el 14 de marzo de 2018).

En 1910, de la casa Columbia Records, viajaron a San Juan donde hicieron más de cien grabaciones. Pero, se pueden contar con las manos las canciones de música tradicional jíbara. Otra compañía de grabación que visito la isla fue Victor. El catálogo de La Biblioteca Nacional del Congreso en Washington, DC solo cuenta con seis discos de esta compañía grabados en 1917, donde incluyen primordialmente música de cámara.[80]

El cuarto volumen de la serie de libros titulado *La música étnica en grabaciones: Una discografía de grabaciones étnicas producida en los Estados Unidos* (1990), escrito por Ricardo K. Spottswood, cubre los periodos de 1893 al 1942. Este volumen está dedicado a las culturas españolas, incluyendo las áreas latinoamericanas y caribeñas (Puerto Rico), portuguesas, filipinas, y vascas.[81] En relación a Puerto Rico, el catálogo de Spottswood contiene una diversidad en las grabaciones incluidas: cuatro danzas, coplas, típicas, bailes jibaros, tres canciones, y una guaracha. Es aquí donde se describe el "seis chorreao" como una melodía rápida ejecutada en el cuatro como acompañamiento de décima. Se refería al baile, no a la canción. También, se hace mención de cantantes, grupos y orquestas como Orquesta Cocolía, Orquesta Tizol y Orquesta Andino y Parrilla entre otros.[82] Es importante mencionar que la compañía de grabación Ansonia se especializo en la música de trova campesina.

<u>Un enlace transcultural con la tecnología</u>

Las grabaciones musicales, la radiografía y radioteatro contribuyeron notablemente a crear una era de enlace transcultural, donde el público entusiasmado hacia preferencia de sus trovadores

---

[80] Biblioteca Nacional del Congreso, "Grabaciones de audio, 1910-1919, Puerto Rico," https://www.loc.gov/audio/?fa=location%3Apuerto+rico&dates=1910-1919 (acceso el 24 de marzo de 2018).

[81] Ricardo K. Spottswood. *La música étnica en grabaciones: La música étnica en grabaciones: Una discografía de grabaciones étnicas producida en los Estados Unidos: 1893-1942—Volumen 4: española, portuguesa, filipina, vasca* (Urbana, IL: Imprenta de La Universidad de Illinois, 1990), 1609-2412.

[82] Ricardo K. Spottswood, 1609-2412; David Morales, "Grabaciones tempranas de música jibara puertorriqueña: 1909-1910." *La Clave* (Blog), http://plenama.blogspot.com/2011/06/early-audio-recordings-of-puerto-rican.html?m=1 (acceso el 14 de marzo de 2018).

favoritos como Toñin Romero, los hermanos Morales Ramos y German Rosario entre otros. Donde la música folklórica de Puerto Rico y Argentina se expandía a través del mundo y la música de Argentina se hizo popular en la isla. Algunos de estos trovadores mencionado anteriormente, se le atribuye la creación de algunos de los seises inspirado por la música de Argentina. Además, tenemos que mencionar a Mariano Cotto del pueblo de Naranjito, que se le conocía como el "Bate de la espinela" por el uso de "pie forzado" que describe para rimar vocabulario retorico difícil. Muchos le atribuyen el estilo "tanguillos" y "milonga campera." Grupos de músicos de Puerto Rico habían emigrado a Nueva York para los 1930. El Cuarteto Flores (de Pedro Flores) grabo la canción "Aguinaldo trulla": una grabación folklórica estilizada. Mas tarde, se conoció como "El nacimiento del jibaro urbano." Otro favorito fue Chuito el de Cayey, Chuito el de Bayamón, y el grupo Aurora entre otros.[83]

Así también el tango llegó a un periodo de esplendor, con letristas, cantantes y músicos como Omero Manzi, Osvaldo Pugliese Anibal Troillo, y Carlos Gardel, que para muchos fue su favorito. Con la modalidad del "Gardelmania" a través de las ondas radiales, se crearon grupos de fanáticos en la isla de Puerto Rico. La promoción de su llegada estuvo a cargo de la emisora radial WNEL, entre otro de los medios informativos. Lamentablemente, fueron los mismos medios de comunicación que divulgaron al pueblo puertorriqueño la triste noticia de su fallecimiento. El amor a Carlos Gardel y al tango de Argentina creo un sentido de unidad para los amantes de este estilo de música. Para los años 1940, la radio y el radioteatro continuaron siendo escenarios para recibir artistas locales y extranjeros. La música de tango estaba latente en la comunidad puertorriqueña.

Es tanto así que el programa radial de comedia *Jíbaros de la radio* tuvo una programación especial para recibir la cantante argentina Libertad Lamarque. Para que tengan una idea de la relación familiar entre ambas culturas, Jesús Rivera Pérez fue el responsable de escribir el espacio de comedia costumbrista, donde Libertad Lamarque haría su actuación. Según el libreto, Libertad aseguraba que ella era puertorriqueña y "Manomeco" la llamaba mentirosa. Ella estableció que nació en la isla de Vieques, y que estaba buscando a su hermano

---

[83] Proyecto del Cuatro Puertorriqueño, "Trovadores puertorriqueños," http://www.cuatro-pr.org/es/node/150 (acceso el 8 de abril de 2018).

para cocinarle mofongo y cuchifritos. En la parodia, ella menciono tantas veces que había nacido en Vieques (lugar que por si ella no conocía) que decidió visitar la isla de Vieques.

Para sorpresa, en el 1946, fue llamada "hija adoptiva" de la isla por el alcalde Antonio Ávila. Por un breve momento, los radioyentes tuvieron una conexión transcultural con referencias directas a las costumbres cotidiana de la isla, y ella experimento un cambio cultural con el vocablo puertorriqueño. Fue tanto el sentido familiar hacia la isla de Puerto y la isla nena de Vieques, qué a través de su larga carrera, fueron innumerables las visitas que hizo a Puerto Rico.

Origen y la estructura del seis puertorriqueño

Yo bailo el seis y la cadena
con en la tierra macarena
puede bailar un zapateado el más donoso bailarín;
tengo ribetes de coplero,
y al son del tiple vocinglero,
décimas bellas da ni numen, como da flores el jardín. [84]

-poema Virgilio Davila

El libro *Voz folklórica de Puerto Rico* de Cesáreo Rosa-Nieves (1901-1974), fue un estudio breve sobre las tradiciones orales y populares, donde también incluyó el arte del baile en la isla. Mientras él puso su atención en mucho de los bailes de las décadas coloniales ya arcaicos, como la contradanza y más tarde lo que conocemos como la danza puertorriqueña, Rosa Nieves dedico parte de su investigación musicología a explicar los orígenes del seis puertorriqueño. [85]Antes de comenzar la discusión del seis, es importante dirigir nuestra atención a la interpretación del seis: seis como baile y seis como música. Para clarificar estas diferencias y evitar confusión, comencemos con una discusión de como el seis fue usado en tempranas décadas.

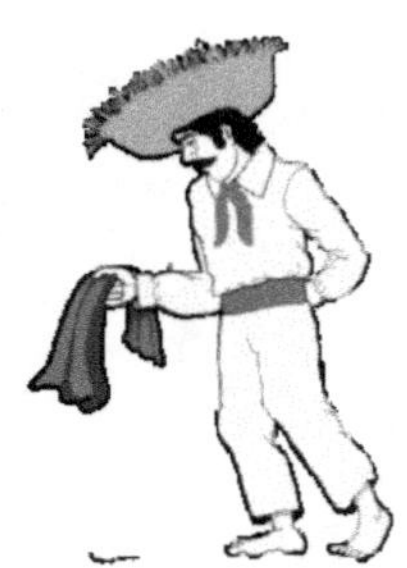

---

[84] Virgilio Davila, "El jíbaro," Poem Hunter, https://www.poemhunter.com/poem/el-j-baro/comments/ (acceso el 3 de marzo de 2018).

[85] Cesáreo Rosa-Nieves, "Los Bailes de Puerto Rico." *Revista del Instituto de Cultura Puertorriqueña* No. 65, 1974, 14-18, https://issuu.com/coleccionpuertorriquena/docs/primera_serie_n__mer o_65 (acceso el 20 de febrero de 2018).

<u>El seis como baile</u>

El seis puertorriqueño muchas veces se ve como sinónimo del folklor de la cultura del jíbaro rural, tomado en cuenta la plétora de categorías y formas musicales: como el "Seis Chorreao" o "Seis Fajardeño." En reciente décadas, musicólogos y etnomusicólogos como Pedro y Elsa Escabi (1976) [86] y Jaime Bofil Calero (2013)[87] han intentado a clasificar este tipo de música. Muchos otros recursos apuntan al seis como una forma de música puertorriqueña que floreció en las décadas del siglo XIX.

Recursos acerca de la cultura y la música de Puerto Rico por Cesáreo Rosa Nieves mencionan al bien reconocido musicólogo Francisco López Cruz (1907-1988). El estudio indica que el seis comenzó en España en la región de Andalucía en los 1600s y 1700s.[88] La aplicación del seis como baile en esos tiempos era con un propósito religioso y no una forma secular de entretenimiento. Para los 1840s, el significado del baile del seis religioso empezó a transformarse en forma secular.

Para ilustrar este punto, hago mención a dos citas de Manuel Alonso y Francisco Valle Atiles. Aunque no es completamente preciso, Manuel Alonso provee ciertos detalles acerca de la aplicación del seis como baile en la comunidad del jíbaro puertorriqueño. Esta es su observación de cómo se baila el seis:

> El seis, aunque en rigor deben bailarle
> seis parejas, yo he visto muchas más; colócanse
> las mujeres frente a los hombres en
> hileras, se cruzan varias veces, zapatean un
> paso en ciertos compases marcados por la
> música y terminan valsando, lo mismo que en

---

[86] Pedro C Escabi y Elsa M. Escabi, *La décima: Vista parcial del folklore*. Rio Piedras, PR: Editorial Universitaria. Universidad de Puerto Rico, 1976;

[87] Jaime O. Bofil-Calero, "Capitulo 3: El Seis," en *La improvisación en la música jíbara: Un análisis de la estructura*. Tuscon, AZ: Universidad de Arizona, 2013. Disertación Doctoral de filosofía.

[88] Cesáreo Rosa-Nieves, "Los Bailes de Puerto Rico." *Revista del Instituto de Cultura Puertorriqueña* No. 65, 1974, 14-18, https://issuu.com/coleccionpuertorriquena/docs/primera_serie_n__mer o_65 (acceso el 20 de febrero de 2018).

la contradanza. Después de las cadenas, el
seis es de los bailes de garabato el que más
gusta, porque no es atronador como el son·
duro, ni frío como el fandanguillo y el caballo …[89]

Con esta descripción, podemos tener una visión clara en como el jíbaro de áreas rurales en la década de los 1840 interpretaba el baile. Según Alonso, la forma estricta del baile son seis parejas de hombres y mujeres. La razón que algunos recursos escolásticos se refieren al seis como precedente a la contradanza, es que ambos comparten pasos similares en el baile. Su explicación es bien específica en cuanto a la dirección que el hombre y la mujer siguen en el baile: por ejemplo, se cruzan, zapatean, etc.[90]

Cuarenta años después de Manuel Alonso (1889), Francisco del Valle Atiles habla en su estudio acerca del baile del seis en la isla de una forma más pesimista. En su trabajo, Valle Atiles se concentra más en el propósito religioso detrás del baile del seis. El lamentó el contexto original del seis, que se alteró completamente y se hizo secular. Según el autor:

El *seis*, así llamado acaso en recuerdo de los seises que bailaban delante de los altares, según un rito cristiano ya olvidado, es un baile de figuras, de cierto donaire, que es sensible vaya perdiendo sus reminiscencias de la antigua danza, de figuras como la española, hoy sustituida por el *merengue* sensual, al que también se ajusta el *seis*…[91]

Basado en esta cita, su descripción sobresale cuando Valle Atiles indica que el seis es una forma donde "… las personas bailaban

---

[89] Cesáreo Rosa-Nieves, 14-18; Manuel Alonso, "Escena V. Bailes de Puerto-Rico," in *El gibaro: Cuadro de costumbres de la isla de Puerto-Rico* (Barcelona: D. Juan Oliveres, 1849) 55-68 (acceso el 14 abril de 2015), Dominio público.

[90] Manuel Alonso, 55-68.

[91] Francisco del Valle Atiles, *El campesino puertorriqueño: sus condiciones físicas, intelectuales y morales, causas que las determinan y medios para mejorarlas.* (San Juan: Tipo de Gonzales Font, 1889), https://freeditorial.com/es/books/el-campesino-puertorriqueno-sus-condiciones-fisicas-intelectuales-y-morales/related-books (acceso el 4 de febrero de 2018), Dominio público.

sobre un altar …"[92] ¿Qué posibilidad había en sus referencias? Investigaciones a esta pregunta revelan que el baile sagrado del seis se refería a una práctica religiosa usada en España como parte de la celebración del Festival de Corpus Christi durante la Conquista española y el periodo colonial. Los andaluces españoles trajeron el seis (forma de baile) al nuevo mundo.[93] El historiador puertorriqueño Salvador Brau (1842-1912), confirman esta información en su respectivo trabajo llamado *Historia de Puerto Rico*:

> En el Corpus (Christi) observábase en Puerto Rico la costumbre original de Sevilla, donde aún se practica por niños de coro que llaman SEISES, de concurrir a la catedral a la hora de vísperas, un grupo de mulatos libres a bailar varias danzas, sin quitarse los sombreros, hallándose de manifiesto el Santísimo Sacramento. En 1684 el obispo don Fray Francisco de Padilla echó a la calle los danzantes, y aunque no faltaron quejas, el baile en la iglesia quedó suprimido.[94]

¿Por qué, entonces, el seis perdió la importancia de los rituales Cristianos de los Católicos y fue reemplazado por la forma secular? Para tener repuesta a esta pregunta, al menos parcialmente, regresamos de nuevo a la información presentada por Cesáreo Rosa-Nieves y su investigación en el tema. Rosa-Nieves ilustro claramente a sus lectores que, en el siglo XVIII, las diócesis de la iglesia católica no les agradado la idea de tener incorporado el seis en las practicas sagradas en la iglesia. Para hacer clara confirmación, el cito al Obispo español Fray Pedro de Concepción y Urtiaga: "Los cofrades contentaban al santo con una misa, gastándose los dineros de la hermandad en bailes, comedias, banquetes. Corridas de cañas y profanidades pecaminosas."[95]

---

[92] Francisco del Valle Atiles, 1889.

[93] Cesáreo Rosa-Nieves, "Los Bailes de Puerto Rico." *Revista del Instituto de Cultura Puertorriqueña* No. 65, 1974, 14-18.
https://issuu.com/coleccionpuertorriquena/docs/primera_serie_n_mer o_65 (acceso el 20 de febrero de 2018).

[94] Salvador Brau, *Historia de Puerto Rico* (Nueva York, 1904), 158.

[95] Cesáreo Rosa-Nieves, "Los Bailes de Puerto Rico." *Revista del Instituto de Cultura Puertorriqueña* No. 65, 1974, 14-18.
https://issuu.com/coleccionpuertorriquena/docs/primera_serie_n_mer o_65 (acceso el 20 de febrero de 2018).

La música del seis en Puerto Rico

Innumerables estudios se han hecho en relación al contexto musical del seis. Muchos de estos recursos desde finales del siglo XX y principio del siglo XXI se enfocan desde el punto de la diversidad y tipos de instrumentos musicales que se usan para tocar el seis. En ocasiones, musicólogos y etnomusicólogos enfocan la música del seis en relación al aguinaldo: un tipo de música folklórica usada frecuentemente durante la temporada de Navidad.

Es importante clarificar que los componentes de la música de seis no son solo un género o estilo musical. Como parte de un estudio etnográfico en el seis en relación a la música jíbara, Jaime Bofil Calero (2013) documentó aproximadamente más de noventa tipos de seises puertorriqueños. El dividió estos seises en grupos rítmicos de metro doble y (en un pequeño grupo) metro triple. Algunos de estos seises para el tiempo de su investigación habían quedado en el olvido. [96] Según su estudio, citando a Manuel Alonzo y Antonio García de León respectivamente, él dice que el fandango español fue el ancestro del seis. Además, el seis empezó como una forma ternaria y transformo gradualmente a una forma binaria.[97]

Hay que saber diferenciar los aspectos del "seis como baile" y el "seis como música." También, es indispensable y necesario conocer las diferencias entre el seis y la décima. La décima se refiere a la estructura poética que es usualmente acompañada por la música del

---

[96] Jaime O. Bofil-Calero, "Capitulo 3: El Seis," en *La improvisación en la música jíbara: Un análisis de la estructura.* Tuscon, AZ: Universidad de Arizona, 2013. Disertación Doctoral de filosofía, 49.

[97] Jaime O. Bofil-Calero, "Capitulo 7: Una genealogía del seis," en *La improvisación en la música jíbara: Un análisis de la estructura.* Tuscon, AZ: Universidad de Arizona, 2013. Disertación Doctoral de filosofía, 137-198; Manuel Alonso, "Escena V. Bailes de Puerto-Rico," in *El gíbaro: Cuadro de costumbres de la isla de Puerto-Rico* (Barcelona: D. Juan Oliveres, 1849) 55-68 (acceso el 14 abril de 2015), Dominio público; Antonio García de León, *El mar de los deseos: El Caribe hispano musical, Historia y contrapunto* (México: Siglo Veintiuno Editores, 2002).

seis puertorriqueño a través del canto. Para clarificar este punto, en su investigación de 1967 acerca de la música folklórica de Puerto Rico, Francisco López Cruz dice que cuando se canta una serie de decimas (no importa el tópico), ejemplo "seis fajardeño," el asunto (el tópico) no cambia el nombre genérico del seis. El trovador pide a los músicos un seis fajardeño para cantar sobre cualquier tema. El seis se sigue llamando seis fajardeño.[98]

Otro punto de importancia en relación al seis y la décima es que el "seis con décima" forma una parte esencial de la música folklórica de Puerto Rico. Como muchos otros seises, este usa la estructura poética de la décima en unión a la música. Pero, Francisco López Cruz menciona que no se debe asumir la creencia que el "seis con decima" funciona como un estilo en la música folklórica de Puerto Rico. Claramente, el indica que se llama "seis" cuando el cantor de un seis lento utiliza el esquema poético nombrado "décima" para la letra del canto. Muchos músicos puertorriqueños usan el nombre "seis con decima" a una particular melodía distintiva de seis.[99]

Pentagrama musical

Estructuras teoréticas del aspecto musical del seis han sido documentadas por varias organizaciones como el Proyecto del Cuatro Puertorriqueño, establecido en Connecticut en los 1990s, método fácil donde los lectores también pueden encontrar información sobre el seis. Los seises puertorriqueños son versátiles, y pueden tener características de las distintas regiones geográficas, de tipos de baile o nombres de personas, como "Seis Andino," y músicos que lo hicieron popular, como "Seis Mapeye," "Seis Vallaran" y otros.[100] El seis puertorriqueño usa tonalidades mayores o menores, dependiendo el

---

[98] Proyecto del Cuatro Puertorriqueño, "Nuestra Música Campesina: El Seis." http://www.cuatro-pr.org/es/node/179 (acceso el 23 de enero, 2018).

[99] Proyecto del Cuatro Puertorriqueño, http://www.cuatro-pr.org/es/node/179 (acceso el 23 de enero, 2018).

[100] Proyecto del Cuatro Puertorriqueño, http://www.cuatro-pr.org/es/node/179 (acceso el 23 de enero, 2018); Conservatorio de Artes del Caribe. "Los estilos musicales folklóricos de Puerto Rico." 2014. http://www.artesdelcaribe.com/los-estilos-musicales-folkloricos-de-puerto-rico/ (acceso el 28 de enero, 2018).

tipo de seis que se toca. El material temático para el seis cuando se canta a menudo presenta diversos tópicos: el orgullo a la patria, la historia, política, y sátira—usualmente connotaciones sociales en las condiciones contemporáneas en la isla.[101]

En ciertos casos, como aquí presentamos, ciertos tipos de seises reflejan la geografía y bailes de regiones extranjeras de América Latina y otras regiones del Caribe (fuera de Puerto Rico). Hemos encontrado distintos tipos de seises puertorriqueños con nombres que reflejan la geografía, cultura y música de Argentina. Estos seises se refieran a ambos la cultura criolla del gaucho y la música cosmopolita del tango.

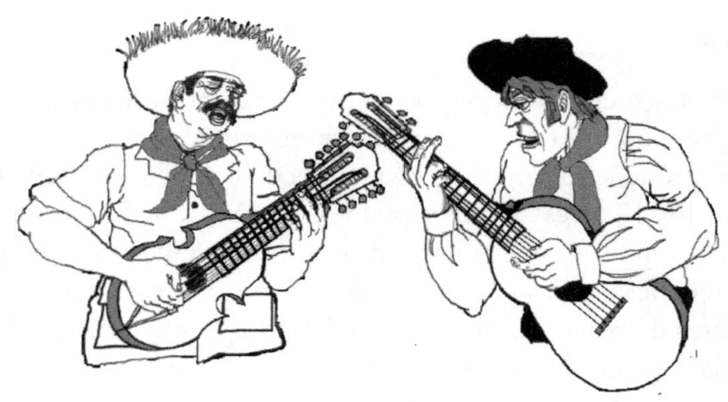

---

[101] Manuel, Pedro. "La música puertorriqueña y la identidad cultural: La apropiación creativa de los recursos cubanos desde la danza a la salsa." *Etnomusicología* 38, No. 2 (1994). http://www.jstor.org/stable/851740 (acceso el 14 de diciembre, 2014).

Aspectos musicales del seis puertorriqueño: Análisis de tres seises

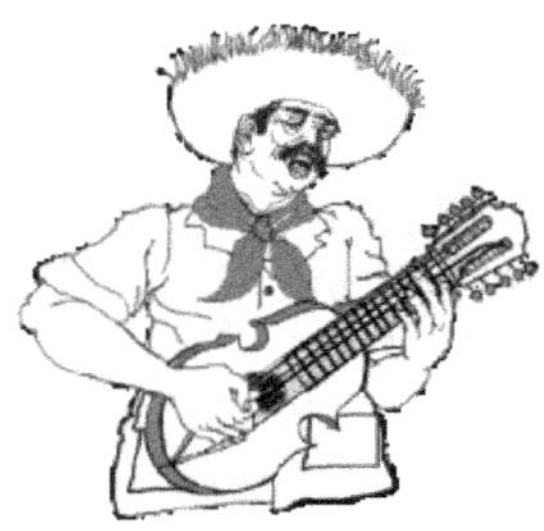

Para poder entender el aspecto musical del seis, tenemos que dedicar un tiempo en relacionar la música del seis con la teoría musical del Occidente. Para obtener esta información, nos concentraremos especialmente en el ritmo, melodía y análisis armónico. En ocasiones, este proceso conllevara comparar y contrastar tipos específicos de seis que están inspirados en la música de Argentina (milonga, tango y pampeano).

Antes de proceder, debemos hablar de la aplicación metodológica que usamos en esta sección. El analizar la música en el Occidente (de Europa y de Los Estados Unidos) se basa en el estudio de copias de partituras de notaciones legibles. Por otro lado, la música del seis puertorriqueño envuelve momentos de improvisación tanto por los músicos como los trovadores a través de decima o decimilla.[102] Es común que se interprete la pieza musical, pero la naturaleza de la música muchas veces no tiene partitura y es más complicada. Consideramos, por ejemplo, la colección etnográfica de grabaciones, por los cuatristas entrevistado por el Proyecto del Cuatro Puertorriqueño. Tienen audio y transcripciones de conversaciones con músicos dando ejemplos melódicos y comentarios. ¿Cuantos tipos de "Seis Chorreao" hay? Según Efrain Vidal, se puede coger un género

---

102 Proyecto del Cuatro Puertorriqueño. "Nuestra Música Campesina: El Seis." http://www.cuatro-pr.org/es/node/179 (acceso el 23 de enero de 2018).

más lento y modificarlo como un "Seis Chorreao." Ejemplo, el "Seis Dorado" es el "Seis Chorreao" en tono menor.[103]

Es común que grupos musicales creen sus propios arreglos. Algunos músicos o expertos en el campo de música folklórica puertorriqueña, como Francisco López Cruz y Samuel Ramos han escrito libros pedagógicos, donde se enseña a tocar esta música en instrumentos folklóricos, como el cuatro puertorriqueño.[104] La música del seis escrita en partituras en sus formas originales son raras.

El propósito de este análisis no es concentrarnos en la improvisación del seis. Este fue el trabajo de Jaime Bofil en su estudio investigativo de 2013.[105] Lo que nos proponemos enseñar además de los aspectos teóricos es discutir la estructura básica y señalar datos interesantes y raros sobre la música del seis.

El ritmo

El seis, a menudo, usa el metro doble y simple de "dos por cuatro." Aunque hay diferentes tipos de seises puertorriqueños, este ritmo constante se encuentra en la mayoría de las versiones. El seis usa patrones y motivos rítmicos de la habanera, que se originan de la música cubana. En este patrón, muchos musicólogos como Luis Manuel Álvarez se refieren a la habanera muchas veces como el "café con pan." La razón es que el ritmo de la habanera parea el contexto. Este patrón está frecuentemente combinado con otros motivos rítmicos, como el cinquillo (que tiene cinco tiempos sincopados) y el

---

[103] Proyecto del Cuatro Puertorriqueño, "Nuestra Música Campesina: Muestra de 36 Distintos Seises y Aguinaldos." http://www.cuatro-pr.org/es/node/186 (Acceso el 23 de enero, 2018).

[104] Francisco López Cruz, *Método para la enseñanza del cuatro puertorriqueño (Decimoquinta edición)*, (San Juan: PR: Fundación Francisco López Cruz, 2012); Samuel Ramos, *Los aguinaldos y seises para el cuatro puertorriqueño* (libro en español y ingles) (Samuel Ramos, 2012); *Método de cuatro puertorriqueño, Vol. 1* (Samuel Ramos 2011).

[105] Jaime O. Bofil-Calero, "Capitulo 3: El Seis," en *La improvisación en la música jibara: Un análisis de la estructura* (Tuscon, AZ: Universidad de Arizona, 2013), 49, Disertación Doctoral de filosofía.

ritmo del "cha-chiqui-cha" (que se refiere al sonido del instrumento del güiro).[106]

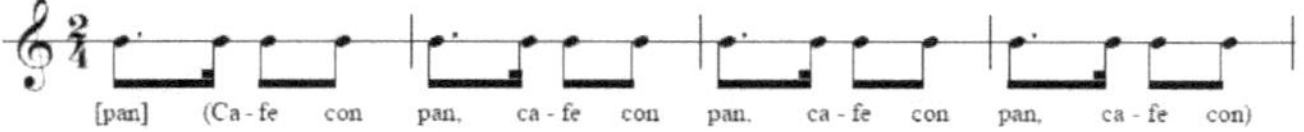

Ejemplo 1: Ritmo de habanera ("café con pan")

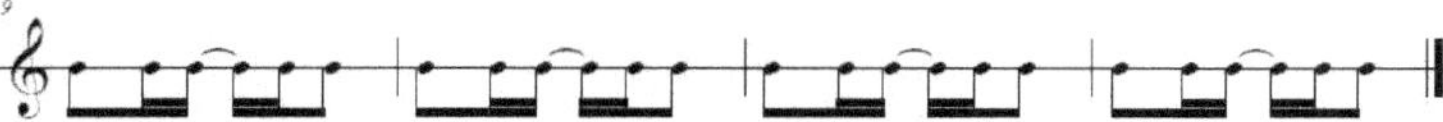

Ejemplo 2: Ritmo del cinquillo

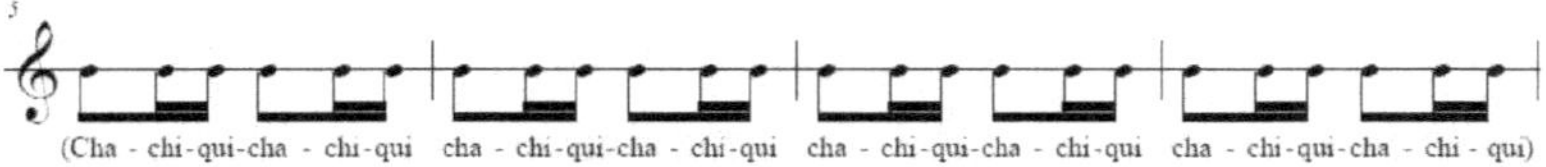

La aplicación de habanera no se limita solo a la isla de Cuba o Puerto Rico. Varios compositores de música clásica en el periodo Romántico (c. 1825-1900) de Europa y los Estados Unidos adaptaron el estilo de la habanera y el ritmo del cinquillo para representar al exotismo español. El exotismo en la música trata de representar las culturas y música extranjera como algo "raro" o "extravagante." Los patrones rítmicos de la habanera y cinquillo se pueden notar en la música de la ópera *Carmen* (1875) del compositor francés Georges Bizet (1838-1875) y en la pieza de piano *Souvenir de Porto Rico: Marches des Gibaros* (1857) por el compositor norteamericano Louis Moreau Gottschalk (1829-1869).[107]

---

[106] "Luis Manuel Álvarez explica la evolución de la música en Puerto Rico" (Extracto del documental *Salsa Opus 3* por Yves Billón de 1991, traducción en inglés), https://www.youtube.com/watch?v=EJ0RmsuKFHY&index=6&list=LL8mqJY4bOeb4IP285vKj4OA&t=0s (acceso el 8 de febrero de 2018)

[107] Georges Bizet, *Carmen* (Leipzig: C.F. Peters, 1920?), Domino público, *IMSLP/Petrucci Biblioteca de Música*, http://imslp.org/wiki/Carmen_(Bizet,_Georges) (acceso el 12 de febrero de 2018); Louis Moreau Gottschalk, *Souvenir de Porto Rico: Marche des Gibaros*, IMSLP Petrucci, http://petrucci.mus.auth.gr/imglnks/usimg/0/08/IMSLP121790-

En relación a América Latina y el Caribe, Álvarez noto que los patrones de cinquillo y habanera se manifiestan en muchos de los estilos de América Latina. El percibe esto como algo que comparten y tienen en común las distintas regiones. Mientras esa música tiene distintos nombres y estilos, están indirectamente unidas una a otra a través de la habanera y el cinquillo. Es decir que comparten una conexión transcultural a través de una combinación de perder y ganar. Aplicando esta información a este estudio, Argentina no es una excepción. La habanera y cinquillo también se encuentran en la milonga y el tango.

<u>Nueva identidad musical:</u>
<u>Análisis melódico y armónico de tres tipos de seis puertorriqueño</u>

La terminología de la música, en relación a armonía, en muchos casos puede ir en dirección opuesta a su significado. En otros casos, varios términos distintos dan una definición concreta: lo que hace difícil poder encontrar términos que pueden añadirse y utilizarse universalmente. En parte, el defecto en el estudio de armonía es que se inclina a una formula estricta con reglas, normas, prohibiciones, y excepciones. En la práctica teorética, hay la tendencia de concentrarse en los aspectos técnicos, y algunas veces se olvidan de otros elementos musicales.[108]

En el trabajo de Paloma Vidal y Claudia Púa Reyes de 2010 *La armonía en el tango. Un estudio desde el análisis armónico*, ellas señalan las mismas reglas teoréticas de la música clásica y la aplican a la música popular del tango argentino. Ellas se dedicaron a analizar los elementos armónicos de casi dos mil quinientos diferentes tipos de tangos. Esta forma de análisis no se limita solo a la música popular latinoamericana. La misma aplicación se puede hacer para el seis puertorriqueño. En el intento de encontrar la estructura precisa del seis puertorriqueño, especialmente la universalidad del seis, hay que tomar en consideración que la música del seis no existe solo en un formato; pero en muchas

---

SIBLEY1802.6864.7db0-39087012347029_Souvenir_P.pdf (acceso el 12 de febrero de 2018).

[108] Paloma Vidal y Claudia Púa Reyes, *La armonía en el tango. Un estudio desde el análisis armónico,"* (Santiago, CL: Universidad de Chile, 2010), 17, Seminario de Título Profesor Especializado en Teoría General de la Música.

versiones, como resultado (como mencionamos anteriormente) el contenido de la melodía cambia dependiendo el tipo de seis que se toque. Recordemos también que la música del seis presenta secciones con improvisación en los segmentos instrumentales y cantados y poca o no guía con uso de partitura escrita.

La mejor manera de localizar el contexto de la melodía es escuchar la música. De esta forma, se puede determinar la dirección de la melodía porque la parte vocal del trovador usa improvisación en las décimas o decimillas. Es mejor concentrarse en el contexto instrumental melódico que preside a la sección especial de la música. ¿Porque enfocarse en esta área? El principio del seis indica al oyente y al público el tipo de seis que se está tocando. En el analizar la melodía desde la perspectiva aural, consideren estas preguntas en relación a la teoría de la música y los aspectos de la estructura de la melodía:

1) ¿Hay algunas secciones que tienen partes conjuntas, o conectadas?
2) ¿Tiene secciones desunidas, o separada por algunos intervalos musicales?
3) ¿Tiene una combinación de ambos elementos en la melodía?

Cuando oímos la música folklórica de Argentina y la música puertorriqueña inspirada por este país sudamericano, sabemos que suena diferente. Lo importante es el elemento transcultural que combinan las dos culturas y como resultado, producen una nueva identidad musical. Los tres tipos de seis que verán analizados a continuación son *interpretaciones* puertorriqueñas de estilos de música argentina. Desde el punto de vista teórico, encontramos las similitudes y diferencias entre las melodías y la armonía por lo pequeñas que sean, Siempre tomando en consideración qué para analizar la melodía, hay que investigar de donde provienen las grabaciones, ya que la misma pieza puede tienen distintas interpretaciones.

Seis Milonga

Para encontrar la correcta melodía, o al menos una aproximación, hay que cuidadosamente repetir el oír varias veces la grabación y transmitirla basada en la memoria aural. Las tablas presentadas al final de esta sección son aproximaciones de la estructura armónica basada en grabaciones musicales. No entraremos en excesivo análisis comparándolo con las practicas teoréticas de Heinrich Schenker (1868-1935), quien analiza la composición tonal de acuerdo a diferentes niveles de tonalidad.[109]

Podemos ver en "Tabla 3" que el "Seis Milonga" usa la tonalidad de "Sol menor." Basado en una grabación, escuchamos que la melodía contiene ambos elementos de secciones conjuntas y desunidas. En relación con la estructura armónica del "Seis Milonga," la mayoría de la progresión de acordes es simple y lógico con progresiones de i-iv-V-i, como en compases 5 al 8. Una curiosidad ocurre en los compases 3 y 4. Aunque los acordes en esta sección son iv-i, algunas grabaciones sugieren qué hay una presencia de un acorde secundario (0:00-0:07).[110]

¿Si la milonga viene de Argentina, porque se ha incorporado este término como parte de la música folklórica de Puerto Rico? Esta versión de milonga no es como la milonga del baile, que fue el tipo que inspiro el tango.[111] En las transcripciones de entrevistas etnográficas del Proyecto del Cuatro Puertorriqueño, los músicos que tocan los seises no explican esta conexión. Solo mencionan como tocarlo y la tonalidad de la pieza.[112]

La forma de milonga usada en el "Seis Milonga" de Puerto Rico se refiere a la milonga campera. El seis milonga y el seis milonguero son unos de los estilos más influenciados en Puerto Rico. Aunque estos estilos fueron creados por músicos de la isla, se pueden observar las características rítmicas de la habanera, compartiendo las raíces africanas. El género de seis del siglo XX fue un resultado de la participación de trovadores puertorriqueños asistiendo a festivales internacionales fuera de la isla, donde empezaron incorporar estilos de

---

[109] Allen Cadwallader y David Gagne, *Análisis de música tonal: Un método Schenkerian*, (Nueva York: Imprenta de la Universidad de Oxford, 2011).

[110] Saborboricuapr1, "Seis Milonga Instrumental (Cuatro Puertorriqueño)," https://www.youtube.com/watch?v=2KiavRgeV80 (acceso el 16 de abril de 2018).

[111] Very Tango Store, "La historia de la milonga," https://www.verytangostore.com/tango-milonga.html (acceso el 12 de febrero de 2018).

[112] Proyecto del cuatro Puertorriqueño, "Nuestra Música Campesina: Muestra de 36 Distintos Seises y Aguinaldos." http://www.cuatro-pr.org/es/node/186 (acceso el 23 de enero de 2018).

música de otros países como el patrón arpegio de la milonga en la payada.[113]

Seis Tango

Comparando el "Seis Milonga" con el "Seis Tango," este último usa una tonalidad mayor. En algunos casos, el "Seis Tango" consiste en la tonalidad de "Sol Mayor" o "Do Mayor." También, la melodía del "Seis Tango" en compases 9 al 16 contiene casi la misma dirección descendiente como el "Seis Milonga": con la diferencia de tonalidades paralelas. Además de eso, como en el "Seis Milonga," la melodía del "Seis Tango" también contiene una combinación de secciones conjuntas y desunidas. La progresión de la armonía en el "Seis Tango" también tiene acordes secundarios Dominantes. En este caso, aparecen acordes de V/V7 el compás 2 y V7/V en compás 5. También, hay otras armonías secundarias de V6/ii en los compases 9 y 13.[114]

Seis Pampero

El "Seis Pampero" tiene algunas similitudes con el "Seis Tango" en relación con el uso de una tonalidad mayor y la dirección de la melodía. El "Seis Tango" usa la tonalidad de "Re Mayor," y contiene una combinación de ambos fragmentos conjuntas y desunidas en la construcción melódica. Los acordes en su estructura armónica son fáciles para conseguir y analizar porque ellos se repiten frecuentemente por casi toda la introducción de la pieza musical.[115] Además de la simplicidad de esta progresión, comparado con la complejidad del "Seis Milonga," es importante ver una diferencia significativa en el

---

[113] Jaime O. Bofil-Calero, "Capitulo 3: El Seis," en *La improvisación en la música jíbara: Un análisis de la estructura* (Tuscon, AZ: Universidad de Arizona, 2013), 65-66, Disertación Doctoral de filosofía.

[114] Orquesta de San Sebastián, "Seis Tango," https://www.youtube.com/watch?v=4rYYWjOXO1g (acceso el 8 de febrero de 2018).

[115] Jann Rodri. "Puerto Rico se levanta seis pampero (cosas buenas sacaré)," https://www.youtube.com/watch?v=VvpNZk43Ghw (acceso el 8 de febrero de 2018).

"Seis Pampero." Este seis no tiene acordes secundarios dominantes. Con la excepción del acorde de IV6 en los compases de 6 y 14, la mayoría de los acordes son en la primera posición.

Tabla 3: Estructura del "Seis Milonga"

Tonalidad	Compases	Progresión armónica
Sol menor	1-4	i—iv—(iv)—I
	5-8	i—iv—V—i
	9-12	i—V—(V)—i
	13-16	i—V—(V)—i

Tabla 4: Estructura del "Seis Tango"

Tonalidad	Compases	Progresión armónica
Do Mayor (o Sol Mayor)	1-4	I—V/V7—V7—I
	5-8	V7/V—V/V—V7—I
	9-12	I—V6/ii—ii—V—I
	13-16	I—V6/ii—ii—V—I

Tabla 5: Estructura del "Seis Pampero"

Tonalidad	Compases	Progresión armónica
Re Mayor	1-4	IV—I—V—I
	5-8	IV—I—IV6—V—I
	9-12	IV—I—V—I

	13-16	IV—I—IV6—V—I

El tango canción

¿Cómo definimos el "tango canción?" Composición lirico musical donde la letra responde a las características emocionales y rítmicas de la música y el baile. Según la historia de esta forma musical, el primer interprete de este género fue un cantante de música campera y payadas llamado Carlos Gardel. La pieza musical "Mi noche triste" fue escrita por Samuel Castriota y Pasqual Contursi. Aunque la composición de esta pieza fue creada en 1916, su estreno público fue en el año siguiente. El tango canción celebro su centenario en 2017.[116] El tema de "Mi noche triste" es un monologo de un hombre que lamenta el abandono de la mujer amada. Al tango canción, se define como "queja" o "lamento."[117]

Con el tango canción, se creó un nuevo movimiento donde los compositores y arreglistas podían expresar sus sentimientos amorosos, patrióticos y consciencia social: como fue el caso del tango "Cambalache," que hemo mencionado anteriormente como ejemplo en la censura radial. El compositor y actor Enrique Santos Discépolo escribió este tango en 1935. "Cambalache." forma parte de repertorio de canciones de tango más reconocidas de la época y de los tiempos contemporáneos. El tango fue escrito para la película *El alma del bandoneón*, que tuvo su estreno en 1936. La definición de la palabra "cambalache" se refiere a una tienda de segunda mano en Buenos Aires. Estudiosos como Gregorio Selser indica que Discépolo usa este término como metáfora para las terribles condiciones económicas y sociales en Argentina.[118]

---

[116] El observador: "Mi noche triste." "Cien años atrás, Gardel estrenaba el primer tango canción de la historia," *Perfil*, http://www.perfil.com/elobservador/cien-anos-atras-gardel-estrenaba-el-primer-tango-cancion-de-la-historia.phtml, el 7 de enero de 2017 (acceso el 13 de abril de 2018).

[117] Fernanda Jara, "Cumple 100 anos "Mi noche triste", el primer tango canción grabado por Gardel," *Infobae*, https://www.infobae.com/cultura/2017/06/11/cumple-100-anos-mi-noche-triste-el-primer-tango-cancion-grabado-por-gardel/ (acceso el 13 de abril de 2018).

[118] Gregorio Selser, "Prohíbese el tango 'Cambalache,' escrito en 1935. Molesto espejo." *El Dia*, 26 de octubre de 1981, 55.; Enrique Santos Discépolo, "Cambalache," *Enrique Santos Discépolo "El poeta del tango"*—Bs As Tango [Buenos Aires (¿?): El Bandoneón, 2010], 2.

Analizando este tango canción, podemos ver que usa la tonalidad de "Re Mayor." La mayoría de la armonía en esta composición también contiene progresiones lógicas como I-V-I, IV-I, y ii-V-I; esta última progresión se puede encontrar frecuentemente en la música del jazz. Pero, hay algunas secciones de "Cambalache" que tiene acordes secundarios como en los compases 16 y 19 al 20. Además de estos puntos, un caso raro en "Cambalache" ocurre en los compases 19 y 20. Aunque aparece un acorde secundario, puede funcionar como un tipo de V/iv o V/ii. Escuchando la canción y las letras otra vez específicamente desde 0:47 a 0:54 hasta la palabra "traidor," la música resuelve a un acorde de ii. También, es posible que este momento de confusión en la progresión armónico refleje el mismo sentido de confusión de la sociedad argentina en los 1930s.[119]

Tabla 6: "Cambalache," Análisis armónico

Tonalidad	Versos	Compases	Progresión armónica[120]
Re Mayor	Primer verso, Segundo verso	1-4	I—V—ii(V)—vii°—I
		5-8	I—V—ii(V)—V—I
		9-12	IV(iv)—I—ii—V—I
		13-16	IV(iv)—I—ii—V—I—V/V—V
		17-20	I—V7/IV—IV—V6/5/ii—ii—vi (?)
		21-24	ii—V—I—V—I—ii(?)—I6—V
		25-28	V7—I—V—I—ii(?)—I6—V
		29-32	
		33-37	ii—V—I—V—I—V7—IV—I IV—V—I—V—I—V—I

<hr>

119 Enrique Santos Discépolo, "Cambalache," *Enrique Santos Discépolo 'El poeta del tango"—Bs As Tango* [Buenos Aires (¿?): El Bandoneón, 2010], 2. Esta grabación de audio esta ejecutada en la tonalidad de Do Mayor y no de tonalidad original.

120 El análisis presentado en la tabla es mi interpretación, basado en los octavos de la armonía. No sugiere que este es la única forma de analizar la armonía.

La décima: Revaluando su estructura y ejecución

La décima constituye una forma de poesía arcaica que fue creada en España en los tiempos coloniales conocida como la "décima espinela." En el libro escrito por Maximiano Trapero de 2015, titulado *El origen y triunfo de la décima: Revisión de un tópico de cuatro siglos y noticias de nuevas, primeras e inéditas décimas,* Trapero indica claramente algunos problemas en relación a los orígenes de esta forma poética. Él dice que a ciencia cierta se sabe que Don Vicente Espinel no fue el creador de la décima "espinela." En actualidad, esta declaración de que Vicente Espinel creo esta forma poética fue propagada en el año 1923 por el historiador español Rodríguez Marín.[121]

Los problemas que Trapero tiene con esta declaración de Rodríguez Marín son que Marín no tiene suficiente evidencia para confirmar que Vicente de Espinel escribió la primera décima. Además de este error, ninguno de los historiadores del pasado que hablan de la décima mencionan a Marín ni sus contribuciones.[122] Trapero hace saber a sus lectores que también es incorrecto aplicar la terminología de "decima espinela" para clasificar una décima. Citando a Marín otra vez, Trapero indica que la décima "espinela" fue usada como termino poético en el siglo XVII: un siglo *después* de la vida de Espinel.[123] Pero, Trapero alude que la contribución de Espinel fue el lograr que la estrofa de diez versos octosílabos adquiriera su madurez métrica y expresiva, al fijar de forma definitiva la combinación de rimas y lograr entrelazar de forma tan cerrada sus versos. Por eso, la décima alcanzo un éxito tan rápido. Su décima se convirtió en la estrofa octosílaba más

---

[121] Maximiano Trapero, "Capítulo I: Vicente Espinel y la décima espinela: 1, El elogio de la décima," en *El origen y triunfo de la décima: Revisión de un tópico de cuatro siglos y noticias de nuevas, primeras e inéditas decimas* (Valencia: Publicaciones de la Universidad de Valencia, 2015), 21-27.

[122] Maximiano Trapero, 21-27.

[123] Maximiano Trapero, "Capitulo 2: Las palabras *decima* y *espinela,*" en *El origen y triunfo de la décima: Revisión de un tópico de cuatro siglos y noticias de nuevas, primeras e inéditas decimas* (Valencia: Publicaciones de la Universidad de Valencia, 2015), 28-58.

practicada en el siglo XVII: como verso largo soneto y verso corto de la décima "espinela."[124]

Maximiano Trapero menciona que la estructura de una décima es la forma "abbaaccddc." Esta forma se supone que tenga ocho silabas por cada línea para hacer diez octosílabos. Trapero explica la creencia que una décima tiene dos estrofas de cinco líneas conectadas. El usa el libro *Métrica española* de Navarro Tomás para justificar que, en realidad, una décima tiene dos estrofas de cuatro líneas: la primera a la cuarta línea de "abba" y la séptima hasta el final de la última línea de "cddc." Además, estas dos estrofas son conectadas por la quinta y sexta línea de "ac."[125] A continuación, incluimos varias tablas con explicación precisa de los términos y conceptos de la estructura poética, formas estróficas y la estructura general de la décima.[126]

Tabla 7: Conceptos de la estructura poética

Métrica	Ciencia literaria que se ocupa de la conformación rítmica del contexto lingüístico
Poema	Conjunto de versos que constituyen una obra de arte, forma expresiva de su creador
Estrofa	Un conjunto de dos o más versos cuya rima asonante o consonante. Se distribuyen de un modo fijo
Verso	La unidad más pequeña, la menor división estructurada que se encuentra en el poema

---

[124] Maximiano Trapero, "Capítulo I: Vicente Espinel y la décima espinela: 1, El elogio de la décima," en *El origen y triunfo de la décima: Revisión de un tópico de cuatro siglos y noticias de nuevas, primeras e inéditas decimas* (Valencia: Publicaciones de la Universidad de Valencia, 2015), 21-27

[125] Maximiano Trapero, "Capitulo 2: Las palabras *decima* y *espinela*," en *El origen y triunfo de la décima: Revisión de un tópico de cuatro siglos y noticias de nuevas, primeras e inéditas decimas* (Valencia: Publicaciones de la Universidad de Valencia, 2015), 28-58; Tomás Navarro Tomás, *Métrica española: Reseña histórica y descriptiva* (Madrid: Ediciones Guadarrama, 1972), 268-269.

[126] Antonio Quilis, *La métrica española* (Madrid: Ediciones Alcalá, 1975), https://treseso.files.wordpress.com/2009/05/la-metrica-espanola.pdf (acceso el 6 de abril de 2018).

	Debe existir solo cuando se encuentra en función de otro verso formando parte de la estrofa y después parte del poema
Rima	La identidad acústica (total o parcial) entre dos o más versos de los sonidos situados a partir de la última vocal acentuada
Rima consonante	La reiteración en dos o más versos de vocales y consonantes que se encuentran a partir de la última vocal acentuada
Rima asonante	La reiteración en dos o más versos de las vocales que se encuentran a partir de la última vocal acentuada

Tabla 8: Formas estróficas

2 versos	**Pareado**	Importante que tenga una sola rima
3 versos	**Terceto**	3 versos de Arte Mayor[127], rima ABA-BCB-CDC…
4 versos	**Cuarteto**	Arte Mayor, ABBA Redondilla, arte menor[128] 8 silabas, abba Cuarteta como la redondilla, pero abab…
Pares	**Serventesio**	Arte Mayor, 7-5-7-5, rima asonante en versos pares
5 versos	**Quinteto**	Arte Mayor, variadas combinaciones de rima
	Quintilla	Arte menor
	Lira	Verso alternado, 7-11-7-7-11, aBabB
6 versos	**Sexteto**	7-11-7-11-7-11, aBaBcC…

---

[127] Arte Mayor contiene nueve a once silabas

[128] Arte menor contiene ocho silabas o menos

	Sextilla	Arte menor, varias combinaciones de rima
	Sexta rima	Arte Mayor, 11 silabas, ABABCC…
7 versos	Seguidilla	Arte menor, 7-5-7-5-5-7-5, rima no fija
8 versos	Octava	Arte Mayor, 11 silabas, ABABABCC
10 versos	Decima	Arte menor, 8 silabas, A

Tabla 9: La estructura general de la décima

Estructura poética y rima	Numero de línea en la Decima	Descripción
a	1	La primera línea de texto improvisado
b	2	Una línea nueva de texto improvisado
b	3	La misma estructura de rima como la 2da línea
a	4	La misma estructura de rima como la 1ra línea
a	5	La misma rima como la 4ra línea de texto
c	6	Una línea nueva de texto improvisado
c	7	La misma rima como la 6ra línea de texto
d	8	Una línea nueva de texto improvisado
d	9	La misma rima como la 8va línea de texto
c	10	La misma rima como las 6ra y 7ta línea de texto

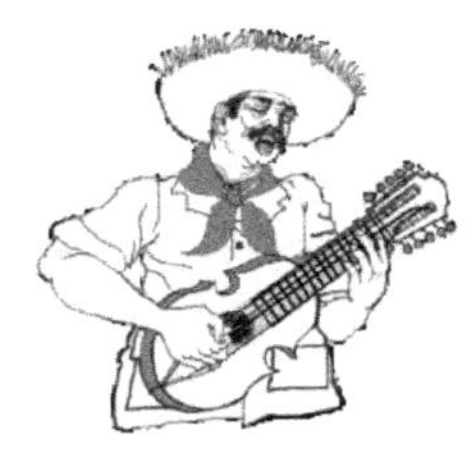

El origen y estructura de la payada argentina

"Cuide cada uno lo suyo que es la cosa más derecha no abandone su cosecha, el gaucho que haiga sembrao."—Estanislao del Campo

El historiador Matías Isolabella define la payada rioplatense como el género performativo que se basa en las tradiciones de poesía improvisada y cantada. Su historia está documentada a lo largo de diversas culturas. Las características y procedencia de esta expresión artística mantienen una estrecha relación con las tradiciones iberoamericanas; el payador se considera pariente del juglar medieval europeo—trovador, trouvère, Meistersinger, etc. El papel principal entre dos o más improvisadores es el desafío poético.[129]

Es importante mencionar que, en su descripción de la payada, Isolabella indica características poéticas y silábicas que definen la décima española "espinela": las cuales se pueden aplicar a la versión rustica de la décima puertorriqueña con el uso de la improvisación. En relación con la historia de la payada, Él dice que la décima "espinela" fue usada como base poética en Argentina en los 1700s y popularizada en este país en los 1800s. El autor atribuye esta popularización de la payada en Argentina al payador Gabino Ezeiza. A partir de los finales del siglo XIX, la payada comenzó a asumir la forma que la caracteriza en la actualidad.

El payador Gabino Ezeiza, una de las figuras más importantes de este género, se le atribuye la introducción del canto por milonga y la popularización del género en contextos urbanos. Su payada quedo marcada en el registro histórico como la primera payada verdaderamente rioplatense, cuando el repentista argentino se enfrentó al uruguayo Juan de Nava (1856-1919) el 23 de julio de 1884 en un desafío que sigue siendo recordado. El payador también tiene sus hermanos: los cantores repentistas de América Latina, los cangaçeiros de Brasil, cantantes de punto guajiro los cubanos; los repentistas llaneros de Venezuela y Costa Rica.[130]

---

[129] Matías N. Isolabella, "Estructuras de improvisación en la payada rioplatense: definición y análisis." *Revista Argentina de Musicología* 12-13 (2012), 151-182.
[130] Matías N. Isolabella, 151-182.

La estructura principal de la milonga consiste en ocho subdivisiones métricas, agrupadas de a un cuarto en la unidad métrica binaria, pero acentuada implícita en la primera, la cuarta y la séptima subdivisión. Tiene el esquema rítmico de "3-3-2," el cual es bien extendido en América. La milonga admite variantes de sensibles diferencias, desde la agresiva y punzante acentuación de la milonga oriental hasta la lírica y tierna milonga campera. Añade las variantes del pasado incluidas las dos vertientes de igual denominación y distinta intención y "tempo" que se encuentran en el tango. Los musicólogos debaten el origen de la milonga sin preocuparse mucho de su vigencia continental; le dan más enfoque al área donde á existido una fuerte presencia emigratoria.[131]

Como otros historiadores del pasado, Matías Isolabella propone que Don Vicente de Espinel fue el fundador de la décima (o décima espinela).[132] Aunque ya sabemos que este extracto de información no es cierto, tenemos que recordar que el estudio que él hizo en 2012 fue tres años *antes* de la investigación preparada por Maximiano Trapero. No podemos comparar ni criticar el trabajo y estudio de investigación por Isolabella, ya que hasta ese tiempo era la información más contemporánea y precisa.

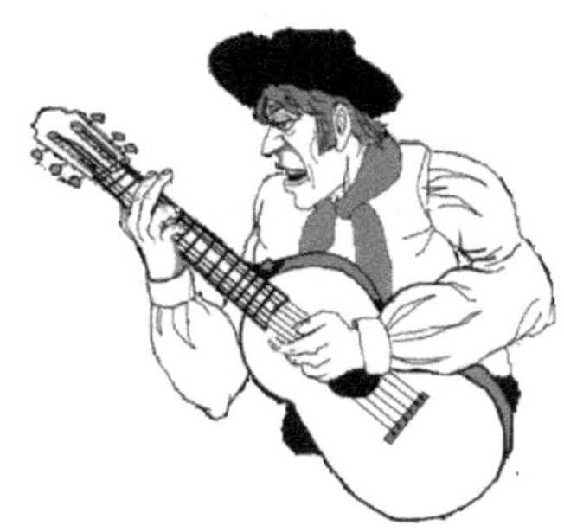

---

[131] Ana María Romanuik, "Hacia la búsqueda de la particularidad de 'modelo de hacer' de la música y los músicos pampeanos," *Sociedad Argentina para las Ciencias Cognitivas de la Música (SACCoM)*, 2011; Daniel Martin Duarte Loza, "Una poética pampa. Integración cultural entre Brasil, Argentina y Uruguay: música, clima, historia, y Geografía," *AURA. Revista de Historia y Teoría del Arte* No. 3 (2015), 17-37.

[132] Matías N. Isolabella, "Estructuras de improvisación en la payada rioplatense: definición y análisis." *Revista Argentina de Musicología* 12-13 (2012), 151-182.

Tabla 10: Ejemplos de payada argentina y décima puertorriqueña

Payada argentina	Decima puertorriqueña
La tercera estrofa de la payada épico de Santos Vega	*Primera estrofa de la décima sobre el cuatro puertorriqueño*
Dicen que, en noche nublada, si su guitarra algún mozo en el crucero del pozo deja de intento colgada, llega la sombra callada y, al envolverla en su manto, suena el preludio de un canto entre las cuerdas dormidas, cuerdas que vibran heridas como por gotas de llanto.[133]	Aquí se hace un instrumento Del tronco de un guaraguao Toca en el un seis chorreao Un musico de talento. El aguinaldo lamento El cayeyano, cagueño Milonga, seis fajardeño La danza igual que un danzón. Todos se interpretan con El cuatro puertorriqueño[134]

<u>Comparaciones entre la payada argentina y el seis puertorriqueño</u>

La payada, ilustrada a mano izquierda, fue escrita por el poeta argentino Rafael Obligado (1851-1920). Es un cuento folklórico y romantizado de la vida y obras de uno de los primeros gauchos y payadores de Argentina. La vida de Santos Vega fue un poco misteriosa y nebulosa. Aunque él fue una persona real que participo en desafíos, terminando su carrera perdiendo contra el payador chileno Juan Gualberto Godoy, recursos mencionan que algunos autores contemporáneos preferían exagerar la percepción de Godoy en este episodio a quien ese entonces se le comparo con el diablo."[135]

Esta obra poética sirve varios propósitos. Vemos claramente que la estructura de una payada es igual que la décima puertorriqueña.

---

[133] Payadas, "Santos Vega El alma del payador," http://payadas.com/santos-vega-el-alma-de-payador (acceso el 5 de marzo de 2018).

[134] Luis Miranda (Transcrita por David Morales), "El cuatro puertorriqueño," en Proyecto del Cuatro Puertorriqueño, "Decimas inspiradas por el cuatro puertorriqueño," http://www.cuatro-pr.org/es/node/171 (acceso el 5 de marzo de 2018).

[135] Payadas, "Santos Vega El alma del payador," http://payadas.com/santos-vega-el-alma-de-payador (acceso el 5 de marzo de 2018).

Para comparar las dos estructuras, mencionamos una estrofa de la payada. A la derecha se encuentra una estrofa de la décima puertorriqueña de Luis Miranda sobre el tema del instrumento folklórico cuatro. Ambas consisten de diez líneas por estrofa, la mayoría de las veces cada línea es un octosílabo. También usa la misma estructura de rima al final de cada línea: "abbaaccddc." Al igual que las payadas argentinas, la décima puertorriqueña tiene como inspiración poética temas acerca de la vida campestre, historia, la patria, la naturaleza, y comentarios sociales entre otros.

De la misma manera que la décima puertorriqueña, las palabras de una payada son improvisada. Dependiendo en cómo se pueda tocar, las payadas pueden tener música o solamente la poesía hablada. Según Matías Isolabella, dice que el canto respeta la acentuación rítmica del verso y en cierta medida es improvisado. La improvisación es *inconsciente*, y los payadores no piensan en que notas cantar, pero si en cuales palabras pronunciar. Los conceptos se organizan en parejas de versos octosílabos que corresponden a dos compases. El canto es en estilo silábico y desarrolla un perfil melódico descendente por grados conjuntos. Como ocurre con las capacidades del guitarrista, los talentos varían según las circunstancias personales.[136] En este próximo cuadro, damos una pequeña explicación de lo que se considera una silaba y como se cuenta en la décima.

Tabla 11: Reglas para la rima en una décima puertorriqueña

Verso o línea termina en palabra **llana**	Al total de la silaba del verso deben ser ocho sílabos.
Cuando terminan en palabra **aguda**	Al total de las silabas del verso se suma uno.
Cuando el verso termina en palabra **esdrújula**	Al total de las silabas del verso se resta uno.
Sinéfala	Cuando el verso termina en vocal y seguida por otra palabra que empieza en vocal, 2 silabas cuentan por 1,
Hiato	Vocal *i, u* unida a vocal *a, o, e*, el acento va en la vocal débil.

---

[136] Matías N. Isolabella, "Estructuras de improvisación en la payada rioplatense: definición y análisis." *Revista Argentina de Musicología* 12-13 (2012), 151-182.

Los instrumentos y elementos musicales

Los instrumentos musicales para una décima pueden ser cordófonos como guitarras, cuatros tiple, bordonúa y otros instrumentos de percusión como el güiro, claves o bongo.[137] Para la payada, la instrumentación es simple: guitarra y voz. La melodía en un seis puertorriqueño aparece casi inmediatamente en el comienzo de la pieza musical, y define el tipo de seis. La melodía en una payada no aparece hasta la sección improvisada del payador, como en la pieza "Tata Quiero Ser Diputado" por Gustavo Guichón (0:00-0:09, 0:09-0:32). Una payada comienza con acordes arpegiados.[138]

La estructura armónica en las payadas es básica: usualmente, una progresión de los acordes i-iv-V en tonalidades menores, o I-IV-V en tonalidades mayores y repetido constante. Recordamos que las progresiones armónicas en los seises puertorriqueños son diferentes dependiendo en el tipo de seis. Ellos usan, en algunos casos, acordes secundarios y complejos. Las decimas puertorriqueñas forman parte de la música jíbara o música folklórica. Las payadas son parte de la música campera de los gauchos de Argentina y otros países sudamericanos. En relación a la ejecución de una payada argentina, Matías Isolabella dice que para los payadores, el arpegio de la milonga representa un gesto mecánico y repetitivo que no requiere mucha atención durante la presentación. El sugiere que, aunque la guitarra puede funcionar como parte de una payada, este instrumento no es el enfoque de este género de música folklórica. Los guitarristas procuran ser expertos con el uso de su instrumento, y los que no la dominen se preocupan constantemente de afinar el instrumento. Cada repentista tiene su manera original de arpegiar.[139]

---

[137] Proyecto del Cuatro Puertorriqueño, "Nuestra Música Campesina: El Seis," http://www.cuatro-pr.org/es/node/179 (acceso el 23 de enero, 2018).

[138] "Payada del campo argentino," https://www.youtube.com/watch?v=DaifV8QFUb0&t=117s (acceso el 13 de marzo de 2018).

[139] Matías N. Isolabella, "Estructuras de improvisación en la payada rioplatense: definición y análisis." *Revista Argentina de Musicología* 12-13 (2012), 151-182.

"Controversias" puertorriqueñas y "contrapuntos" argentinos

En esta sección, es importante mencionar un subgénero que está presente en ambos estilos de música con diferentes nombres: *controversia* y *contrapunto*. En Puerto Rico, la controversia es un tipo de décima competitiva entre dos personas sobre un tema. El objetivo de una controversia es demostrar las destrezas de improvisación de cada trovador. Los trovadores pueden improvisar uno primero y otra persona puede seguir. Pero, habrá ocasiones cuando un trovador puede repetir para enfatizar algunas líneas, o puede interrumpir el otro trovador creando una nueva decima.[140]

El contrapunto de Argentina funciona de la misma manera que la controversia puertorriqueña. Los contrapuntos consisten de dos payadores cantando o hablando sobre un tema, y los payadores tienen que improvisar.[141] Al igual que la controversia puertorriqueña, es importante que cada payador sea diestro en la improvisación.[142] Anteriormente en este estudio, discutimos la fama del payador Gabino Ezeiza y su participación en la primera competencia de payadas públicas contra Pablo Vázquez. Las reglas para esta competencia de 1894 fueron creadas para el público interesado en participar. Según un reportaje de la época, mencionaba fecha y lugar de actuación, designación de jurado, determinación del premio, y designación de tema de la controversia. Entre las reglas, también se incluyó la prohibición de robar versos y daños físicos contra el compañero; designación por sorteo del primer payador que comenzaría a cantar. Y la elección de los temas del contrapunto y entrega de ellos a los

---

[140] Pedro Manuel, "La música puertorriqueña y la identidad cultural: La apropiación creativa de los recursos cubanos desde la danza a la salsa." *Etnomusicología* 38, No. 2 (1994). http://www.jstor.org/stable/851740. Acceso el 14 de diciembre, 2014; Artículo en inglés. Posada, Consuelo. "La décima cantada en el Caribe y la fuerza de los procesos de identidad." *Revista de Literaturas Populares*, 3, No. 2 (2003). 141-154. Acceso el 19 de enero de 2018.

[141] Ana María Romanuik, "Hacia la búsqueda de la particularidad de 'modelo de hacer' de la música y los músicos pampeanos," *Sociedad Argentina para las Ciencias Cognitivas de la Musica (SACCoM)*, 2011.

[142] Matías N. Isolabella, "Estructuras de improvisación en la payada rioplatense: definición y análisis." *Revista Argentina de Musicología* 12-13 (2012), 151-182.

representantes de cada payador.[143] Estas son algunas de las reglas escritas según el reportaje.

Preservando el arte de improvisación

Para promover la conservación de la décima puertorriqueña y la payada como exponentes de las raíces criollas, agencias de gobierno como el Instituto de Cultura Puertorriqueña y grupos como El encuentro Nacional Santovegano de Payadores entre muchos otros se han dedicado a establecer programas educativos y festivales anuales para crear interés y nuevas generaciones de trovadores. En Puerto Rico, las competencias de trovadores se vienen celebrando por los pasados cincuenta años. Las primeras competencias regionales comenzaron a celebrarse en el 1957. Algunos festivales dignos de mención son el Festival de Trovadores en La Perla del Sur en honor a Juan Antonio Romero, y el Festival Ramito Vive en Caguas. No siendo hasta el 1969 que se organizó con concursos nacionales y semifinalistas. En actualidad, Puerto Rico cuenta con más de setenta festivales de trova.[144]

Con la existencia de gran número de grupos de trovadores en la isla, es común tener distintos festivales de diferentes categorías en varias regiones a la misma vez. Es necesario indicar que los premios en las competencias han llegado a grandes cantidades monetarias, lo que para este 2018, a causa de la crisis económica de la isla y paso de huracanes, se ha hecho difícil de mantener grandes grupos de festivales. Uno de los retos para los trovadores en esta época es que debe dominar la décima espinela, y la rima debe ser perfecta. El verso que se suministra para improvisar y redactar tiene que ser de memoria. Toda la estrofa se canta, y debe hacerse en menos de dos minutos.[145]

---

[143] Matias N. Isolabella, 151-182.

[144] Decimania, "La Semana del Trovador Puertorriqueño," http://www.decimania.com/index.php/semana-del-trovador (acceso el 10 de abril de 2018).

[145] Decimania, http://www.decimania.com/index.php/semana-del-trovador (acceso el 10 de abril de 2018); Jaime Torres Torres, "Roberto Silva, nuevo trovador nacional." *Fundación Nacional para la Cultura Popular*, el 20 de noviembre de 2015, https://prpop.org/2015/11/roberto-silva-nuevo-trovador-nacional/ (acceso el 10 de abril de 2018); Joan Gross,

Los trovadores que han sobrepasado estas categorías en otras décadas se le conocen como "El Rey de Los Trovadores" (German Rosario),"Pico de Oro" (Luis Miranda Fernández) y "El Espinelista por Excelencia" (Mariano Cotto).

La celebración del payador se hace como homenaje al primer desafío de Gabino Ezeiza en Montevideo. Al igual que Puerto Rico, en Suramérica hay comunidades y grupos que trabajan arduamente en la preservación, la tradición y el legado de las payadas y sus intérpretes. Estas son algunas de las celebraciones y concursos de payadas. El 23 de julio en la Argentina, el 23 de agosto en Uruguay y el 24 de junio en Chile. El Festival de Payadores Santovegano en San Clemente Tuyu se lleva celebrando por los pasados treinta y seis años. La celebración de 2017 incluyo dos noches de canto y poesía de distintos puntos de la provincia de Bueno Aires, con payadores destacados como Omar Moreno Palacios, Luis Genaro y Gustavo Avello para mencionar algunos. El Encuentro payadores de Chile se lleva celebrando por los pasados veinte y cinco años, donde Pedro Yánez fue ganador del premio Presidente y premio Altazor. Hoy se sigue la tradición y la cultivación del arte de la improvisación campera. Por ejemplo, Encuentros de payadores de Salliquelo en Buenos Aires está celebrando su tercer año de desafíos.[146]

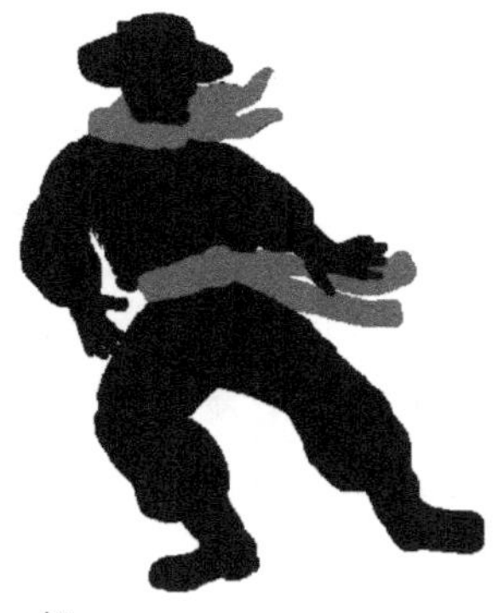

Conclusión

Con grato recuerdo las palabras de uno de mis profesores cuando se refería al objetivo de la historia: "El punto de la historia no es encontrar la verdad de lo que paso, si no es encontrar cual es la belleza de lo que se descubrió en ese instante." Los recursos de información cambian constantemente, no importa si lo ves desde el punto de vista de la historia o como musicólogo. Lo que significa que estuvo correcto ayer, será refutado mañana.

En el estudio de la música, prestamos atención en especial a los verdaderos intérpretes de la tradición oral, donde estos han sido grabados y catalogados en géneros folklóricos para futura generaciones. Para algunos, las circunstancias de investigación pueden ser receptivas. Aplicamos la forma elemental que Bruno Nettl sugiere; haciendo un inventario de una cultura musical se hace un inventario de conceptos y categorías que la sociedad usa en su cultura musical como material básico derivado de su terminología o concepto.[147]

Tuvimos en consideración el uso de los términos perspectiva etnocéntrica y apropiación cultural. El primer término puede llevar interpretaciones erróneas y negativas de una cultura. La apropiación cultural para el uso personal implica "robo" para ganancia personal. Durante este estudio, tratamos diligentemente en no incurrir en estos errores. Pero, es inevitable poder representar todas las culturas objetivamente. Como regla básica, siempre hay que mantener un nivel de respeto a la cultura opuesta. Pero, siempre habrá grupos que no acepten las ideas presentadas.[148]

La información que ilustramos en este libro no es una representación apologética de las dos culturas. Tratamos de presentar un panorama transparente de la historia musical del jibaro y el gaucho. La legacía del jibaro y del gaucho de hoy, que gracias a los miles de

---

[147] Bruno Nettl. "11: Usted nunca vas a entender esta música: Los nativos y los extranjeros," en *El estudio de la etnomusicología: Treinta y tres discusiones* (Urbana, IL: Imprenta de La Universidad de Illinois, 2015), 157-68.

[148] Bruno Nettl, 157-168.

campesinos que viven de sol a sol por un mísero jornal para que otros disfruten su café o su mate y la tecnología de los tiempos.

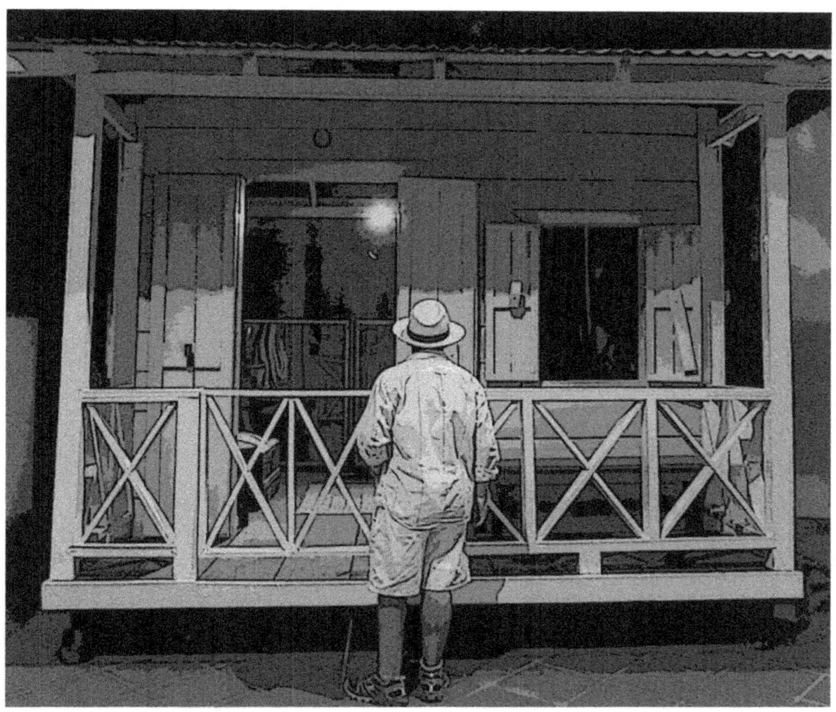

Apéndice:

Tabla de música folklórica de Puerto Rico y Argentina

Pais	Puerto Rico	Argentina
Nombre	Seis puertorriqueño	Payada
Género Musical	Música folklórica (*música jíbara*)	Música campera (*música gaucha*)
Estructura	Diez líneas de texto—cada línea un *octosílabo* (ocho sílabos por línea)	Diez líneas de texto—cada línea un *octosílabo* (ocho sílabos por línea)
Tipos	Variados por regiones diferentes de Puerto Rico—tienen: Nombres de ciudades o pueblos en Puerto Rico Personas Bailes/música popular de otras partes de América Latina o Europa Se usan tonos mayores y menores. Vocales—solo, o entre otras personas (*controversias*)	Variados por los países de Argentina, Uruguay, Chile y Paraguay Vocales—solo. o entre dos personas (*contrapunto*)
Instrumentos musicales	Cuatros puertorriqueños., tiple, bordonúa, guitarra, percusión, vocales	Guitarra(s) y vocales
Témas	Amor El hogar La vida social La geografía de Puerto Rico	Amor El hogar La vida social La geografía de Argentina

| | Religión (especialmente durante la navidad/otras ocasiones sagradas

Temas de la política/comedia | Temas de la política/comedia |

Índice de ejemplos

Índice de tablas

Fuentes consultadas

<u>Bibliografía</u>

Alonso, Manuel. *El gíbaro: Cuadro de costumbres de la isla de Puerto-Rico* (Barcelona: D. Juan Oliveres, 1849). Acceso el 14 abril de 2015.

Arapoglou, Eleftheria et al. *Narrativas móviles: viaje, emigración, y transculturación.* Nueva York: Routledge, 2013.

Arguedas, José María. *Formación de una cultura nacional Indoamericana.* Coyoacán, MX: Siglo veintiuno editores, 1975.

Atiles, Francisco del Valle. *El campesino puertorriqueño: sus condiciones físicas, intelectuales y morales, causas que las determinan y medios para mejorarlas.* San Juan: Tipo de Gonzales Font, 1889). https://freeditorial.com/es/books/el-campesino-puertorriqueno-sus-condiciones-fisicas-intelectuales-y-morales/related-books. Acceso el 4 de febrero de 2018.

Benedetti, Héctor. *Nueva historia del tango: De los orígenes al siglo XXI.* Buenos Aires: Siglo XXI Editores, 2016.

Benítez-Rojo, Antonio y James E. Maraniss (Traducida en inglés). *La isla que se repite: para una reinterpretación de la cultura caribeña, Segunda Edición.* Durham, NC: Imprenta de La Universidad de Duke, 1996.

Bizet, Georges. *Carmen* (Leipzig: C.F. Peters, 1920?), Domino público, *IMSLP/Petrucci Biblioteca de Música,* http://imslp.org/wiki/Carmen_(Bizet,_Georges). Acceso el 12 de febrero de 2018.

Bofil-Calero, Jaime O. *La improvisación en la música jíbara: Un análisis de la estructura.* Tuscon, AZ: Universidad de Arizona, 2013. Disertación Doctoral de filosofía.

Brau, Salvador. *Historia de Puerto Rico.* Nueva York: 1904.

Cadwallader, Allen y David Gagne. *Análisis de la música tonal: Un método Schenkerian*, (Nueva York: Imprenta de la Universidad de Oxford, 2011).

Cruz, Francisco López. *Método para la enseñanza del cuatro puertorriqueño (Decimoquinta edición)*, (San Juan: PR: Fundación Francisco López Cruz, 2012).

Deva, Dharma. "La transculturación y aculturación musical," http://www.rawa.asia/ethno/MUSICAL%20TRANSCULT URATION%20AND%20ACCULTURATION%20ESSAY. htm. 2000. (acceso el 25 de octubre de 2015).

Duarte Loza, Daniel Martin. "Una poética pampa. Integración cultural entre Brasil, Argentina y Uruguay: música, clima, historia, y Geografía." *AURA. Revista de Historia y Teoría del Arte* No. 3 (2015). 17-37.

Duff, Ernest A. "La transculturación en Puerto Rico: La realidad de un imperialismo cultural americano." *Asuntos caribeños* 2, No. 1 (1989), 116-128.

Escabi, Pedro C. y Elsa M. Escabi. *La décima: Vista parcial del folklore.* Rio Piedras, PR: Editorial Universitaria. Universidad de Puerto Rico, 1976.

Fraga, Enrique. *La prohibición del lunfardo en la radiodifusión.* Argentina: Lajouane, 2006.

Frigerio, Alejandro "El Candombe Argentino: Crónica de una muerte anunciada." *Revista de Investigaciones Folklóricas* No. 8 (1993), 50-60.

González, José Luis. *Puerto Rico: El país de cuatro pisos y otros ensayos.* Rio Piedras, PR: Ediciones Huracán, 1987.

Gottschalk, Louis Moreau. *Souvenir de Porto Rico: Marche des Gibaros.* IMSLP Petrucci. http://petrucci.mus.auth.gr/imglnks/usimg/0/08/IMSLP12 1790-SIBLEY1802.6864.7db0- 39087012347029_Souvenir_P.pdf. Acceso el 12 de febrero de 2018.

García de León, Antonio. *El mar de los deseos: El Caribe hispano musical, Historia y contrapunto*. México: Siglo Veintiuno Editores, 2002.

Gross, Joan. "'Defendiendo la (Agri)Cultura: La re-territorialización de cultura en la décima puertorriqueña.' *Tradición Oral* 23, Iss. 2 (2008). 219-234.

Haas, William H. "El jibaro: Un ciudadano americano," *Scientific Monthly* 43, No. 1 (1936). http://www.jstor.org/stable/16218. Acceso el 6 de junio de 2016.

Hernández, José. *El gaucho Martin Fierro*. Buenos Aires: Imprenta de La Pampa. 1872. https://freeditorial.com/es/books/el-gaucho-martin-fierro. Aceso el 12 de febrero de 2018. Dominio público.

Isolabella, Matías N. "Estructuras de improvisación en la payada rioplatense: definición y análisis." *Revista Argentina de Musicología* 12-13 (2012). 151-182.

Kartomi, Margaret J. "Los procesos y resultados del contacto cultural de la música: una discusión sobre la terminología y conceptos." *Etnomusicología* 25, No. 2 (1981). 227-249. http://www.jstor.org/stable/851273. Acceso el 20 de julio de 2016.

López Cruz, Francisco. *Método para la enseñanza del cuatro puertorriqueño (Decimoquinta edición)*. San Juan: PR: Fundación Francisco López Cruz, 2012.

Lugones, Leopoldo. *El payador*. Buenos Aires: Oteri & Co. 1916.

Manuel Álvarez, Luis. "La décima en Puerto Rico como símbolo de identidad nacional." Valledupar, CO: *Foro Internacional sobre la Decima*. 2001. Conferencia. http://musica.uprrp.edu/lalvarez/seiseshtm/decima.htm. Acceso el 2 de septiembre, 2017.

Manuel, Pedro. "La música puertorriqueña y la identidad cultural: La apropiación creativa de los recursos cubanos desde la danza a la salsa." *Etnomusicología* 38, No. 2 (1994). http://www.jstor.org/stable/851740. Acceso el 14 de diciembre, 2014. Artículo en inglés.

Mason, J. Alden y Aurelio M. Espinosa. "El folklor puertorriqueño. Décimas, canciones navideñas, canciones infantiles, y otras canciones," Diario del folklore americano 31, No. 121 (1918). http://www.jstor.org/stable/534783. Acceso el 19 de enero, 2018.

Nettl, Bruno. *El estudio de la etnomusicología: Treinta y tres discusiones.* Urbana, IL: Imprenta de La Universidad de Illinois, 2015.

Ortiz, Fernando. *Contrapunto cubano, el Tabaco y la azúcar.* Durham, NC: Imprenta de La Universidad de Duke, 1940, 1995.

__. *Contrapunto cubano, el Tabaco y la azúcar* (Nueva York: Alfred A. Knopf, 1947

Pérez, Juan Sotomayor William Cumpiano y Myriam Fuentes. *Cuerdas de mi tierra: Una historia de los instrumentos de cuerda nativos de Puerto Rico: cuatro, tiple, vihuela y bordonúa* Naguabo, PR: Extreme Graphics, 2013.

Pooson, Sylvain. "*Entre Tango y Payada*: La expresión de los negros en Argentina en el siglo XIX." *Confluencia* 20, No. 1 (2004). 87-99.

Posada, Consuelo. "La décima cantada en el Caribe y la fuerza de los procesos de identidad." *Revista de Literaturas Populares,* 3, No. 2 (2003). 141-154. Acceso el 19 de enero de 2018.

Ramos Samuel. *Los aguinaldos y seises para el cuatro puertorriqueño* (libro en español y ingles). Samuel Ramos, 2012.

__. *Método de cuatro puertorriqueño, Vol. 1.* Samuel Ramos, 2011.

Rosa-Nieves, Cesáreo "Los Bailes de Puerto Rico." *Revista del Instituto de Cultura Puertorriqueña* No. 65, 1974, 14-18.

Romanuik, Ana María. "Hacia la búsqueda de la particularidad de 'modelo de hacer' de la música y los músicos pampeanos." *Sociedad Argentina para las Ciencias Cognitivas de la Música (SACCoM).* 2011.

Santana, Déborah Berman. "La Operación manos a la obra de Puerto Rico: Las raíces coloniales de un modelo persistente para un desarrollo de un 'Tercer Mundo.'" *Revista Geográfica, 124* (1998), bajo "JSTOR." http://www.jstor.org/stable/40992748. Acceso el 30 de octubre de 2016.

Scarano, Francisco A. "La mascarada del jíbaro y la política subalterna de la formación de la identidad criolla en Puerto Rico, 1745-1823." *Revista de la historia americana* 101, No. 5 (1996), 1398-1431. http://www.jstor.org/stable/2170177. Acceso el 6 de junio de 2016.

Selser, Gregorio. "Prohíbese el tango 'Cambalache,' escrito en 1935. Molesto espejo." *El Dia*, 26 de octubre de 1981, 55.

Sixel, Friedrich W., "Inconsistentes culturales en el proceso de transculturación," *Sociologus 19*, No. 2 (1969), http://www.jstor.org/stable/43644408. Acceso el 6 de junio de 2016. Articulo traducida en inglés.

Spottswood, Ricardo K. *La música étnica en grabaciones: La música étnica en grabaciones: Una discografía de grabaciones étnicas producida en los Estados Unidos: 1893-1942—Volumen 4: española, portuguesa, filipina, vasca.* Urbana, IL: Imprenta de La Universidad de Illinois, 1990.

Taylor, Diana. "La transculturación de transculturación," *Diario de las artes escenicas* 13, No. 2 (May 1991), bajo "JSTOR." http://www.jstor.org/stable/3245476. Acceso el 21 de septiembre de 2015.

___. *El archivo y el repertorio: Ejecutando la memoria cultural en las Américas.* Durham, NC: Imprenta de La Universidad de Duke, 2003.

Tomás, Navarro Tomás. *Métrica española: Reseña histórica y descriptiva* (Madrid: Ediciones Guadarrama, 1972), 268-269.

Torres-Robles, Carmen L. "La mitificación y demitificación del jíbaro como símbolo de la identidad nacional puertorriqueña." *Bilingual Review/ Revista Bilingüe* 24, No. 3 (1999), 241-253. http://www.jstor.org/stable/25745665. Acceso el 6 de junio de 2016.

Vidal, Paloma y Claudia Púa Reyes, *La armonía en el tango. Un estudio desde el análisis armónico.*" Santiago, CL: Universidad de Chile, 2010, 17. Seminario de Título Profesor Especializado en Teoría General de la Música.

Viala, Fabienne. *El síndrome después de Colon: El nacionalismo cultural y conmemoraciones en el Caribe.* New York: Palgrave Macmillan, 2014. Libro en inglés.

Sitios cibernéticos

Bertazza, Juan Pablo. "Si se calla el cantor," *Página 12.* https://www.pagina12.com.ar/diario/suplementos/radar/9-4990-2008-12-14.html. Acceso el 18 de abril de 2018.

Chuliver, Raúl. "El gaucho en la historia y en la tradición argentina," (Buenos Aires: Premio Santa Clara de Asis, 2015). *Biblioteca virtual Miguel de Cervantes.* http://www.cervantesvirtual.com/obra-visor/el-gaucho-en-la-historia-y-en-la-tradicion-argentina-784360/html/. Acceso el 10 de marzo de 2018.

Conservatorio de Artes del Caribe. "Los estilos musicales folklóricos de Puerto Rico." 2014. http://www.artesdelcaribe.com/los-estilos-musicales-folkloricos-de-puerto-rico/. Acceso el 28 de enero, 2018.

Constitución de la Nación Argentina Completa con los Tratados de Jerarqui Constitucional. Buenos Aires: Biblioteca Virtual Universal,

2017. http://www.biblioteca.org.ar/libros/201250.pdf.
Accesso el 12 de febrero de 2018.

Davila, Virgilio. "El jíbaro." Poem Hunter,
https://www.poemhunter.com/poem/el-j-baro/comments/.
Acceso el 3 de marzo de 2018.

De Bassi, Antonio y Manuel Romero. "Ignacio Corsini- El adiós de
Gabino Ezeiza- Milonga."
https://www.youtube.com/watch?v=scIMM3TW8E0.
Acceso el 8 de febrero de 2018.

Decimania. "La Semana del Trovador Puertorriqueño."
http://www.decimania.com/index.php/semana-del-trovador.
Acceso el 10 de abril de 2018.

"Encuentro Santosvegano de Payadores de San Clemente 2017."
Televisión Pública Argentina,
http://www.tvpublica.com.ar/programa/36-encuentro-
santosvegano-de-payadores-de-san-clemente-2017/. Acceso
el 9 de abril de 2018.

Ezeiza, Gabino. "Gabino Ezeiza & Guitarra- El Tango Patagones-
1905."
https://www.youtube.com/watch?v=dOchX98rVnY&index
=1&list=LL8mqJY4bOeb4IP285vKj4OA&t=0s. Acceso el 8
de febrero de 2018.

Folklore Tradiciones. "Payadores—La Payada." 2004-2016.
https://www.folkloretradiciones.com.ar/payadores1.htm#L.
Acceso el 22 de enero de 2018.

González, Yair/Bennú. "Podcast Payada." *Soundcloud* (2017).
https://soundcloud.com/jazzyzoe/podcast-payada. Acceso
el 24 de enero de 2018.

"HD Programa 017- Temporada 8- Afroargentinos." (2013).
https://www.youtube.com/watch?v=eUik0wa96HY&list=L

L8mqJY4bOeb4IP285vKj4OA&index=2. Acceso el 8 de febrero de 2018.

Historiador Argentino. *Argentina: cultura gaucha*, https://www.youtube.com/watch?v=eESgmILx4Y4&list=LL8mqJY4bOeb4IP285vKj4OA&index=3&t=0s. Acceso el 8 de febrero de 2018.

Jara, Fernanda. "Cumple 100 años "Mi noche triste", el primer tango canción grabado por Gardel." *Infobae*. https://www.infobae.com/cultura/2017/06/11/cumple-100-anos-mi-noche-triste-el-primer-tango-cancion-grabado-por-gardel/. Acceso el 13 de abril de 2018.

Mdz. "Historia cronológica de la radio en Argentina." https://www.mdzol.com/nota/232937-historia-cronologica-de-la-radio-en-la-argentina/. Acceso el 12 de marzo de 2018.

Morales, David. "Grabaciones tempranas de música jíbara puertorriqueña: 1909-1910." *La Clave* (Blog), http://plenama.blogspot.com/2011/06/early-audio-recordings-of-puerto-rican.html?m=1 (acceso el 14 de marzo de 2018).

Mundo Sur 106.5. "Historia de la radio en Argentina." http://www.mundosurfm.com/historia-de-la-radio-en-la-argentina/. Accesso el 12 de marzo de 2018.

"Noticias: Locales: Frases peculiares de la cultura boricua." *El nuevo día*, martes, el 26 de noviembre de 2013. https://www.elnuevodia.com/noticias/locales/nota/frasespeculiaresdelaculturaboricua-1652910/. Acceso el 10 de marzo de 2018.

Observador, El: "Mi noche triste." "Cien anos atrás, Gardel estrenaba el primer tango canción de la historia," *Perfil,* el 7 de enero de 2017. http://www.perfil.com/elobservador/cien-anos-atras-gardel-estrenaba-el-primer-tango-cancion-de-la-historia.phtml. Acceso el 13 de abril de 2018.

Orquesta de San Sebastián. "Seis Tango." https://www.youtube.com/watch?v=4rYYWjOXO1g. Acceso el 8 de febrero de 2018.

"Payada del campo argentino." https://www.youtube.com/watch?v=DaifV8QFUb0&t=117s. Acceso el 13 de marzo de 2018.

Payadas, "Santos Vega El alma del payador," http://payadas.com/santos-vega-el-alma-de-payador (acceso el 5 de marzo de 2018).

Proyecto del Cuatro Puertorriqueño. "Decimas inspiradas por el cuatro puertorriqueño." http://www.cuatro-pr.org/es/node/171. Acceso el 5 de marzo de 2018).

__. "Nuestra Música Campesina: El Seis." http://www.cuatro-pr.org/es/node/179. Acceso el 23 de enero, 2018.

__. "Nuestra Música Campesina: La Decima Puertorriqueña." http://www.cuatro-pr.org/es/node/97. Acceso el 23 de enero, 2018.

__. "Nuestra Música Campesina: Muestra de 36 Distintos Seises y Aguinaldos." http://www.cuatro-pr.org/es/node/186. Acceso el 23 de enero, 2018.

Rodri, Jann. "Puerto Rico se levanta seis pampero (cosas buenas sacaré)," https://www.youtube.com/watch?v=VvpNZk43Ghw. Acceso el 8 de febrero de 2018.

Roper, Jonathan. "'Nuestro folklor nacional': William Thoms como un nacionalista cultural." En *Narrando la (trans)nación: Los dialectos de la cultura y identidad*. Editada por Krishna Sen y Sudeshna Chakravari (Calcutta, ID: Das Gupta & Co., 2008), 60-74. Articulo en inglés. https://www.academia.edu/835266/_Our_National_Folklor

e William Thoms as Cultural Nationalist. Acceso el 10 de marzo de 2018.

Saborboricuapr1. "Seis Milonga Instrumental (Cuatro Puertorriqueño)." https://www.youtube.com/watch?v=2KiavRgeV80. Acceso el 16 de abril de 2018.

Tinta Digital PR. "Comienzos de la radio en Puerto Rico," http://tintadigitalpr.com/blog/comienzos-de-la-radio-en-puerto-rico/. Acceso el 12 de marzo de 2018.

Torres, Jaime Torres. "Roberto Silva, nuevo trovador nacional." *Fundación Nacional para la Cultura Popular*, el 20 de noviembre de 2015. https://prpop.org/2015/11/roberto-silva-nuevo-trovador-nacional/. Acceso el 10 de abril de 2018.

Torres, Luis Llorens. "Trova gaucha." *Proyecto salón de hogar*, el 19 de abril de 2010. http://www.proyectosalonhogar.com/escritores/Poesia_puertorriquena.htm#llorens. Acceso el 10 de marzo de 2018.

Very Tango Store. "La historia de la milonga." https://www.verytangostore.com/tango-milonga.html. Acceso el 12 de febrero de 2018.

Discografía

Discépolo, Enrique Santos. "Cambalache," *Enrique Santos Discépolo: "El poeta del tango"—Bs As Tango*. Buenos Aires (¿?): El Bandoneón, 2010.

Gaeta, Luis (Narrador) y La Orquesta Sinfónica de Londres (Gisele Ben-Dor), *Ginastera: Estancia- Panambi*. Naxos, 2006. Spotify.

"No hay nada imposible para aquel que lo intenta"

-Alejandro Magno

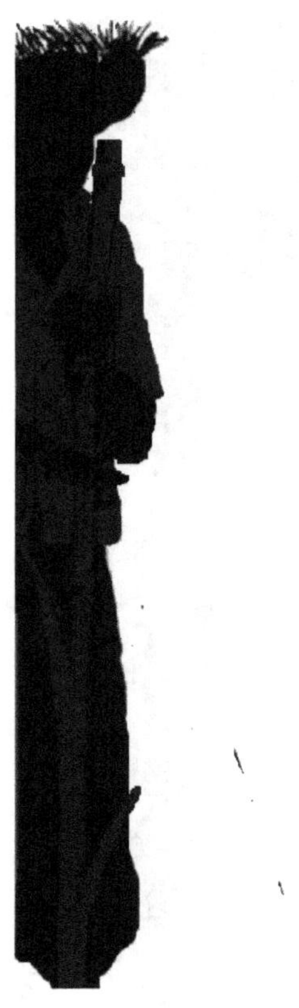

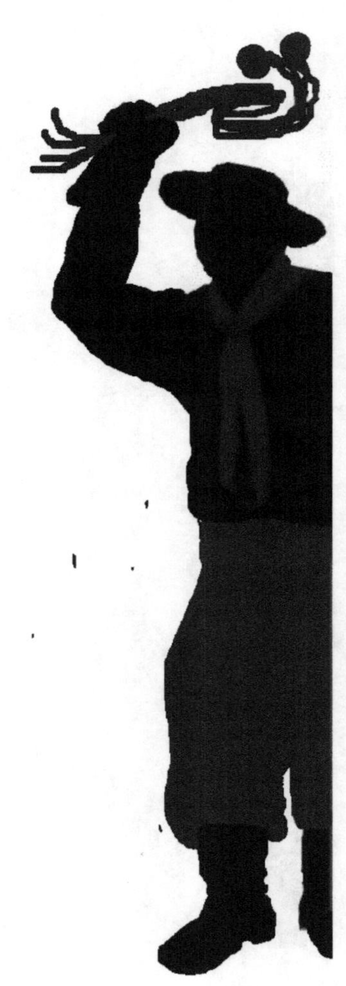